“十三五”国家重点出版物出版规划项目

海洋生态文明建设丛书

中国海洋生态补偿立法：理论与实践

陈克亮　张继伟　姜玉环　等 编著

海洋出版社

2018年·北京

图书在版编目（CIP）数据

中国海洋生态补偿立法：理论与实践/陈克亮等编著. —北京：海洋出版社，2018. 10

ISBN 978-7-5210-0227-0

Ⅰ. ①中… Ⅱ. ①陈… Ⅲ. ①海洋生态学-补偿机制-立法-研究-中国 Ⅳ. ①D922. 680. 4

中国版本图书馆 CIP 数据核字（2018）第 250537 号

责任编辑：杨传霞　林峰竹

责任印制：赵麟苏

海洋出版社　出版发行

http://www. oceanpress. com. cn

北京市海淀区大慧寺路 8 号　邮编：100081

北京朝阳印刷厂有限责任公司印刷　新华书店北京发行所经销

2018 年 10 月第 1 版　2018 年 10 月第 1 次印刷

开本：889mm×1194mm　1/16　印张：10

字数：185 千字　定价：55. 00 元

发行部：62132549　邮购部：68038093　总编室：62114335

《中国海洋生态补偿立法：理论与实践》
编写人员名单

主　　编： 陈克亮　张继伟　姜玉环

编写人员：（按姓氏拼音排序）

陈凤桂　陈克亮　陈肖娟　黄海萍

姜玉环　吴侃侃　张继伟

前　言

随着沿海地区人口的急剧增长和海洋经济的迅速发展，我国对海洋资源的开发利用程度不断加强，海岸带和海洋生态系统遭受了严重的威胁。我国海洋环境保护相关立法中针对海洋资源的开发利用、海岸和海洋环境的污染以及海洋生态破坏进行了一定的规制，同时，已建成的各类海洋保护区为海洋生物多样性保护和生态安全维护作出了积极贡献。但是，由于海洋资源和生态环境具有“公共物品”的属性，“公地悲剧”和“搭便车”现象普遍存在。海洋资源开发利用具有环境外部不经济性，海洋开发利用者从中受益，受害者却得不到应有的经济补偿，因此有必要对因海洋开发利用遭受损失的受害者给予一定的补偿，并对海洋生态环境进行修复。另外，在各类海洋保护区及其他重要生态功能区的建设与管理过程中，由于当地政府、企业和个人为海洋保护区的生态保护承担了额外的保护成本或丧失了经济发展机会，政府财政收入减少，地方政府建设和管理保护区以及受影响企业和居民参与生态保护的积极性很难调动，所以迫切需要完善海洋生态补偿机制，有效地平衡各方相关主体的利益关系，促进海洋生态保护的可持续发展。

自 2005 年至今，诸多中央有关政策文件与政府报告中，特别是《国务院办公厅关于健全生态保护补偿机制的意见》（国办发［2016］31 号）对生态保护补偿制度建设作出了要求和部署。2014 年修订的《中华人民共和国环境保护法》第三十一条明确规定了国家建立、健全生态保护补偿制度的内容，为我国生态保护补偿制度建设和完善提供了基本的法律依据。陆域生态补偿制度的建设经过多年来的不断发展与实践探索，在主要领域取得了可圈可点的成绩和可供参考的经验。2017 年新修改的《中华人民共和国海洋环境保护法》第二十四条规定“国家建立健全海洋生态保护补偿制度”，将海洋生态保护补偿制度确认为海洋环境保护的基本制度之一。沿海各省市也对海洋生态补偿法律制度的建设和实践做出了努力，取得了一定成效，但与我国海洋生态现状和海洋生态补偿的现实需要相比，我国海洋生态补偿立法方面仍存在不足和空白之处。

建立和完善海洋生态补偿的法律制度体系是海洋生态文明建设的重要内容，从 2009 年开始，国家海洋局着手组织相关规范性文件的编制工作，并广泛开展了国内外海洋生态补偿相关立法调研和研讨活动。国家海洋局第三海洋研究所于2010年组建了海洋生态补偿课题组，汇聚了来自生态学、环境规划、人文地理、海洋管理、资源环境法学等多学科的骨干人员，致力于海洋生态补偿相关理论、技术方法和应用研究。该课题组基于多年来的研究成果和对有关立法实践的紧密跟进，不断深化对海洋生态补偿立法理论的认识，提升了对我国海洋生态补偿立法发展方向的把握。本书从理论和实践层面研究海洋生态补偿立法的关键问题和主要内容，进而为我国海洋生态补偿立法发展的路径、框架和策略提供可行的思路，以期为国家和地方层面相关法律体系和管理制度的建设与完善提供一定借鉴。

本书共有九章。第一章为概述部分，阐述了海洋生态补偿的基本法律概念和法律关系内涵，综述了国内外相关研究进展情况，概括介绍了我国海洋生态补偿相关政策发展脉络和立法的进展。第二章阐述了海洋生态补偿立法的科学理论基础。第三章主要介绍国外的海洋生态补偿相关立法模式和经验，及其对我国完善海洋生态补偿立法的启示。第四章介绍和分析了中国海洋生态补偿相关立法情况以及存在的主要问题，同时对其他领域生态补偿的立法和实践进行介绍并分析其借鉴意义，最后指明了完善我国海洋生态补偿立法的必要性。第五章基于前文的理论和实践分析，阐述了海洋生态补偿立法建设的模式和体系构建整体设想。第六章和第七章分别对海洋生态保护补偿和海洋生态损害补偿立法的重点内容进行了论述。第八章对我国海洋生态补偿立法的现实发展进行可行性及路径分析，并提出基本构想。第九章对海洋生态补偿立法的制度保障建设进行阐述，为海洋生态补偿制度的顺利实施提供支持。

本书第一章由陈克亮、黄海萍、姜玉环执笔，第二章由陈克亮、陈肖娟执笔，第三章由陈克亮、姜玉环执笔，第四章由陈肖娟、姜玉环、黄海萍执笔，第五章由陈克亮、姜玉环执笔，第六章由陈肖娟、陈克亮、吴侃侃执笔，第七、第八章由姜玉环、陈克亮、陈凤桂执笔，第九章由陈肖娟执笔，全书由张继伟进行审核。

特别感谢国务院发展研究中心常纪文教授，北京大学汪劲教授，中国海洋大学马英杰教授，厦门大学薛雄志教授、彭本荣教授和朱晓勤教授等相关专家学者的悉心指导。

受作者的研究水平和能力所限，书中难免出现遗漏和不足之处，恳请广大读者批评指正。

编者

2018年10月

目　录

第一章　概　述

第一节　基本概念界定

一、生态补偿的法律概念

生态补偿的概念是进行生态补偿立法、确定生态补偿立法价值的重要基础。何为生态补偿，目前在国家层面尚未有明确、权威的规定，在学界也未达成共识。对生态补偿法律含义的界定是展开海洋生态补偿立法研究的逻辑起点。目前学界对生态补偿的概念尚无统一的定义，学者从不同学科视角对生态补偿的理解各有差异。根据《环境科学大辞典》的定义，生态学上的自然生态补偿，是指生物有机体、种群、群落或生态系统受到干扰时，所表现出来的缓和干扰、调节自身状态，使生存得以维持的能力，或者可以看作生态负荷的还原能力[1]。经济学上的生态补偿从社会经济效益最大化出发，强调的是成本与收益的均衡，是指享有和使用生态系统服务的一方向生态系统服务提供方支付费用[2]。生态学和经济学对于生态补偿的研究和探索为其法学涵义的界定奠定了理论基础。法律概念是对法律所调整的对象进行的特殊归纳，明确法律概念首先需要明确法律上的调整对象，及其法律创设的目的。

（一）调整对象

理论界对于生态补偿的调整对象存在分歧，即围绕生态补偿是人类对生态系统的补偿，还是一部分人对其他人的生态相关利益损失进行的补偿，或者是两者兼具，不同定义对于生态补偿内涵范围存在分歧的焦点即在于生态补偿的对象是否包含生态系统本身。从本质上来看，争议的根源在于环境法能否调整人与自然的关系。根据传统论观点，人与自然的关系无法成为法律的调整对象，环境法是调整人们在环境保护中的社会关系的法律规范总称，通过调整人与人之间的关系来协调人与自然的关系[3]，具体包括两大类：一是人们在自然资源和生态环境的开发利用中为了保护自然资源和生态环境而发生的社会关系；二是人们在预防和治理环境污染，改善环境质量过程中发生的社会关系。法律通过授权性规范、义务性规范和禁止性规范调整这两类社会关系，从而达到保护环境，改善人与人关系的目的。

生态补偿在生态学上反映的是人类对生态系统的一种补偿过程，在这种补偿中，人类整体作为补偿支付方，而生态系统作为补偿接受方，但是这种对生态系统的补偿过程在法律上仅反映为一种人对人的补偿过程，即法学意义上的生态补偿主要是强调人与人之间与生态有关的利益分配关系。生态补偿机制即是为调整相关主体间的生态及经济利益分配关系而产生的一种制度安排，其建立的定位或者任务是调整相关利益主体，即人与人之间的生态及其相关利益。

（二）目的和手段

生态补偿的目的与其调整对象是相一致的，包含维护生态平衡，调整不同主体间利益分配关系，进而实现社会公平和正义，并以实现人与自然的和谐相处和环境资源的可持续利用为目的，保障人类的可持续发展。

生态补偿涉及方方面面的利益主体及其关系协调，其有效运行需要综合运用行政手段、经济手段和法律手段。现阶段对于生态补偿的理解和实践中侧重强调政府的行政主导作用，对市场机制发挥的作用重视不足，未来健全的生态补偿制度应当综合运用政府和市场等多种手段和方式。

（三）定义和内涵

环境科学上的生态补偿主要是指自然生态系统本身对因自然的或人为的原因引起的生态环境破坏的恢复。经济学上强调生态补偿是以经济手段调节环境保护过程中相关利益主体关系的一种制度安排。法学上的生态补偿应从公平和正义、权利和义务的角度来定义。

目前对生态补偿的法律涵义仍然存在许多争议。如认为生态补偿“既包括对生态系统和自然资源保护所获得效益的奖励或破坏生态系统和自然资源所造成损失的赔偿，也包括对造成环境污染者的收费”[4]。还有学者认为生态补偿是“国家、企业和社会团体等环境资源受益人在其从事社会经济活动过程中造成自然资源浪费、生态系统破坏及环境污染后，为恢复生态价值和生态功能，对造成的损失给予补偿、恢复、综合治理等行为的总称”[5]。吕忠梅教授认为，应从广义和狭义两个角度对生态补偿进行理解。狭义的生态补偿是指对由人类的社会经济活动给生态系统和自然资源造成的破坏及对环境造成的污染的补偿、恢复、综合治理等一系列活动的总称。广义的生态补偿还应该包括对因环境保护而丧失发展机会的区域内的居民进行资金、技术、实物上的补偿，政策上的优惠，以及为增进环境保护意识、提高环境保护水平而进行科研和教育的费用支出。狭义的生态补偿概念仅仅指生态损害补偿，广义的概念中包括了生态保护补偿的概念。

综合上述定义，结合实践做法来看，生态补偿是指国家和社会主体为了实现生态系统功能的持续供给和社会公平，对导致生态功能减损的自然资源开发利用主体收费（税）或向保护生态环境的主体提供利益补偿性措施，并将所征收的费用或补偿性措施的惠益，转移到因自然资源开发利用或保护生态环境而自身利益受到损失的主体的过程[6]，从而促使损害（或保护）主体减少（或增加）开发利用行为（或保护行为）带来的外部不经济性（或外部经济性），达到保护和恢复生态环境与自然资源的目的。

根据行为主体的活动所产生的外部性的性质，生态补偿可以分为增益性补偿（正外部性内部化）和抑损性补偿（负外部性内部化）。前者是指受益人向保护生态环境的主体提供的利益补偿，后者是损害生态环境的主体向受损者提供的损失补偿。

生态补偿作为一种切实可行的利益调整机制，应当具备以下主要特征：

（1）合法的生态补偿制度须由国家或公权力机关制定并公布实施；

（2）合理的生态补偿应当体现和旨在促进人与自然的和谐关系；

（3）有效的生态补偿应具有良好的生态效益、经济效益和社会效益；

（4）动态的生态补偿运行机制须随着社会经济的发展变化而调整，以适应经济生活的客观要求。

二、生态补偿法律关系

生态补偿法律关系是指补偿主体和有关补偿参与人在补偿活动过程中，根据生态补偿有关法律规定所形成的以补偿权利和义务为内容的社会关系。分析并明确生态补偿法律关系的主体、客体和内容是构建生态补偿法律制度的基本前提，具有重要意义。

（一）生态补偿法律关系的主体

法律关系的主体是法律关系的参加者，即在法律关系中一定权利的享有者和一定义务的承担者。凡是能够参与一定法律关系的任何个人和组织，都可以是法律关系的主体。生态补偿法律关系的主体是在生态补偿实施中补偿权利的享有者和补偿义务的履行者，主要表现为国家、自然人、法人、非法人单位等，按照对等关系，可具体分为“给付主体”和“接受主体”。

在“抑损性”生态补偿中，因自然资源开发活动中和环境污染治理过程中资源耗损或环境质量退化而直接受害者是生态补偿的接受主体，同时，国家作为自然资源经济价值的所有者和作为自然资源生态服务功能的行政管理者，也是作为补偿接受主体通过对自然资源的合法开发利用者征收生态补偿费（金）等形式获得补偿，自然资源的开发利用者是给付主体。在“增益性”生态补偿中，生态调节功能的提供者、特别牺牲者是生态补偿的接受主体，补偿责任主体应是国家，实际实施主体一般是地方各级政府及相关职能部门。

（二）生态补偿法律关系的客体

法律关系的客体是指法律关系主体的权利和义务所指向的对象。一般包括物质、非物质财富以及行为结果。生态补偿法律关系的客体，是指生态补偿法律关系主体的权利和义务共同指向的对象。环境法学界对生态补偿法律关系的客体有不同的认识。第一种观点认为，生态补偿的客体（标的）是有形物——自然资源和无形物——生态系统[6]。第二种观点则区分不同的情况，认为在对生态环境的直接补偿中，客体是生态环境，包括各种自然要素和整个生态系统，在对贡献者的补偿中，客体主要表现为金钱，在政府作为补偿主体时，还包括各项优惠政策[7]。第三种观点认为，生态补偿法律关系属于相对法律关系①，相对法律关系旨在建立一种当时还不存在的关系，从而形成和发展具体事实关系，因此其客体不是表现为现存的物质和非物质财富，而是表现在权利人要求义务人完成积极行为所要达到的结果；同时，由于生态补偿的主体一方恒为国家，补偿的目的是为了满足社会公共利益的需要，因此生态补偿法律关系属于行政法律关系，行政法律关系的客体表现为国家行政机关在其职权范围内要求有关主体所从事的一定行为结果[8]。综上考虑，在“抑损

① 法律关系分为绝对与相对法律关系，二者的客体是不同的。在绝对法律关系中，权利人通过自己的行为满足其利益，义务人承担消极的不作为义务，法律关系的客体表现为权利人积极行为指向的物质和非物质财富。在相对法律关系中只有通过义务人的积极行为，权利人的利益才能得到满足，因此，法律关系客体表现为义务人积极行为所指向的物质和非物质财富。

性”生态补偿中，国家有权要求自然资源的合法开发利用者缴纳生态补偿费（或通过其他方式履行生态补偿义务）这一行为结果，自然资源的合法开发利用者应当作出缴纳行为（或采取其他补偿方式）的结果；在“增益性”生态补偿中，生态保护的贡献者、作出特别牺牲者有权要求国家作出补偿的行为结果，国家有义务向其作出补偿的行为结果。只有当补偿行为完成并产生一定的结果，生态补偿法律关系主体的权利和义务才得以实现。因此，本书采纳第三种观点，即生态补偿法律关系的客体应为生态补偿行为结果。生态补偿行为结果的具体实现形式有经济形式（金钱、实物）与非经济形式（提供技术、能力建设、劳动力安置、政策优惠等）。

（三）生态补偿法律关系的内容

法律关系的内容是特定主体之间的权利和义务。尽管现在还没有一部统一调整生态补偿法律关系的全国性法律文件，但目前已存在的地方性法律文件和其他领域有关生态补偿的法律文件（如《退耕还林条例》、《中央财政森林生态效益补偿基金管理办法》等），已对生态补偿行为进行了部分的调整。生态补偿法律关系的内容，是补偿主体依据生态补偿的法律规定所享有的权利和应履行的义务。

补偿给付主体享有的主要权利如下：在“抑损性”生态补偿中，补偿给付主体（缴费者）有获得自然资源开发利用的权利，对缴纳补偿费等履行补偿义务情况的知情权，以及对误缴或其他应退缴情形下的退费要求权等；在“增益性”生态补偿中，补偿给付主体（国家）有基于公共利益的需要限制或剥夺补偿接受者的自然资源开发利用权的权利，以及确定补偿范围、方式、数额等的权利等。

补偿给付主体的主要义务如下：在“抑损性”生态补偿中，补偿给付主体（缴费者）有报告自然资源开发利用状况的义务，接受国家监督的义务，以及一定事项的告知义务等；在“增益性”生态补偿中，补偿给付主体（国家）有就补偿事由及补偿方案发布公告的义务，补偿登记并听取意见的义务，以及拨付补偿性支出的义务等。

补偿接受主体享有的主要权利如下：在“抑损性”生态补偿中，补偿接受主体（国家）有对自然资源的合法开发利用情况的调查权，对生态补偿费缴纳额的核定权，对迟延缴纳时的罚款和应得利息权，对拒缴时的强制执行权等；在“增益性”生态补偿中，补偿接受主体有就生态资源保护和权益受损的补偿要求权，对补偿方案的知情权，对补偿事实的陈述申辩权，申请听证权，补偿受领权，对补偿过程的建议、举报、控告等监督权，对补偿结果提出异议、申诉和诉讼权，对不履行补偿义务的相关方有申请法院强制执行的权利等。

补偿接受主体的主要义务如下：在“抑损性”生态补偿中，补偿接受主体（国家）有对自然资源的合法开发利用者发放许可证的义务，对生态补偿费缴纳的通知义务等；在“增益性”生态补偿中，补偿接受主体主要有对生态资源的保护情况提供信息的义务，以及就保护情况接受监督的义务等。

可见，生态补偿法律关系中主体的权利和义务是相对应的，主体双方相互行使权利并履行义务，不存在一方只行使权利而另一方只履行义务的情况。但是，由于一方主体恒是国家，国家的权利、义务是行使权力和履行职责过程中实现的，体现的是公权的性质；与之相对一方的权利和义务，具有私权的性质。因此，生态补偿法律关系主体的权利和义务具有不对等性。具体表现为：当国家实施生态补偿收费时，它的权利是实体上的，而义务多为程序上的。

三、海洋生态补偿的法律概念

目前学界的已有研究对海洋生态补偿的法律概念界定尚无公认定论，有些研究认为海洋生态补偿是一种海洋资源环境保护的经济手段，即通过一定的政策或市场途径让生态保护成果的受益者支付相应的费用，目的是支持和鼓励保护海洋生态环境的行为[9]。也有研究认为海洋生态补偿是对生态功能的补偿，是使受损害的海洋生态系统服务功能恢复到初始状态而人为采取的修复活动[10]。还有学者提出海洋生态补偿应包括海洋生态保护补偿和海洋生态损害补偿，属于将海洋生态环境“外部性内部化”的一种机制[11]。此外，有学者根据海洋自然资源开发利用所产生的外部性的性质，将海洋生态补偿分为“增益性”补偿（正外部性内部化）和“抑损性”补偿（负外部性内部化），并进一步讨论了海洋生态补偿制度建设的三个关键要素，即补偿主体、补偿标准和补偿方式[12]。

根据对生态补偿法律概念的分析和界定，海洋生态补偿是与陆地生态补偿相对的，共同构成生态补偿制度的重要组成部分。海洋生态补偿概念的提出和实践是随着海洋自然资源开发利用的加剧和海洋生态环境的不断破坏，以及生态补偿作为处理资源环境问题的政策工具逐渐得以应用而产生和发展起来的。学界对于海洋生态补偿作为海洋资源环境保护的重要经济手段这一认识是一致的，但是由于学科的差异或研究目的的不同，没有形成公认、统一的海洋生态补偿概念界定标准，相关概念出现了不同的表达，如海洋生态补偿、海洋生态保护补偿、海洋生态损失补偿、海洋生态损害补偿等术语，定义和内涵上存在交叉和混杂。海洋生态补偿的法学概念决定着海洋生态补偿立法的调整范围、调整对象，也关系着海洋生态补偿法律制度与其他环境保护法律制度之间的关系。因此，开展海洋生态补偿立法首先需要对这一基础性的概念做一个全面的分析，在此基础上确定海洋生态补偿立法内容。

根据生态补偿的概念和内涵，海洋生态补偿在目的上也是以保护和改善海洋生态环境、推动海洋自然资源可持续利用和海洋生态系统可持续发展，促进人与自然和谐为目的；在制度层面或者功能价值上，海洋生态补偿是综合运用行政和市场手段，调整海洋生态环境保护和海洋自然资源利用相关各方之间利益关系的环境经济政策或制度安排；从法律意义上，海洋生态补偿是通过对海洋资源开发利用行为及海洋生态环境保护和建设行为的规范和利益调整而实现的。海洋生态补偿具体包括两种类型，“增益性”补偿（海洋生态保护补偿）和“抑损性”补偿（海洋生态损害补偿）。“增益性”补偿是通过一定的政策或市场机制使生态环境保护的受益者支付相应的费用来支持与鼓励海洋生态环境保护行为，体现“谁受益，谁补偿”原则；“抑损性”补偿则是海洋自然资源的使用者或开发利用者在获取利益的过程中，需对其使用过程中不可避免造成的海洋生态损害进行恢复或补救，体现“谁破坏，谁补偿”原则。

海洋生态补偿具体包括以下内容：

（1）海洋自然资源的开发利用者对其使用海洋自然资源或享受生态系统服务过程中的生态损失进行恢复或补救，向海洋自然资源的所有者或为海洋生态环境保护付出代价者支付相应的费用，使其经济活动的生态环境外部成本内部化，如通过交纳生态补偿费、开展生态修复补偿措施等方式弥补生态利益损失。

（2）海洋生态保护成果的“受益者”（全体社会）通过支付相应的费用，对海洋生态环境本身进行补偿，即生境补偿和资源补偿，如为了恢复和改善海洋生态环境，政府作为“受益者”的“代理人”通过财政手段支持开展增殖和优化渔业资源、建设人工鱼礁、设立海洋自然保护区等人工修复与自然生态系统自我修复方式实现对海洋生态系统的补偿。

（3）海洋生态保护的“受益者”（全体社会）对个人、群体或地区因保护海洋环境而放弃发展机会的行为予以利益补偿，如政府对支持海洋渔业减船转产工程、实施渔船报废制度、退出海洋捕捞的渔民给予补贴等；再如，入海河口或海域所在地方政府对上游流域生态保护的付出予以适当补偿。

第二节　国内外相关研究进展

国外对海洋生态补偿的理论研究正处于发展阶段，已有一些对海洋生态补偿实践进行的实证分析，例如，Cowell 在探讨南威尔士加的夫海港的资源替代性问题时分析了海洋生态补偿问题[13]。Elliott 和 Cutts 从理论上对海洋生态补偿问题进行了研究，提出将生态补偿分为经济补偿、资源补偿和生境补偿三种类型[14]。Nunes 等调查了意大利威尼斯渔民改变现有作业方式接受补偿的意愿，调查发现，渔业公司的渔民接受补偿的意愿高于个体渔民[15]。Barr 和 Mourato 以墨西哥圣埃斯皮瑞图海洋公园为例，研究了渔民放弃捕鱼接受补偿的意愿及游客的支付意愿，结果表明，渔民接受补偿的意愿高于游客的支付意愿，原因可能是当地的渔业资源丰富，没有出现整体衰退趋势，渔民转产的机会成本较高[16]。总的来讲，国外的海洋生态补偿一般是指"抑损性"补偿，由法律规定的补偿主体对损害海洋自然资源的行为负责，并对该损害、破坏或损失进行赔偿并承担相关评估费用。美国、欧盟、加拿大等国家和区域组织制订了多个自然资源损害评估法案，对补偿主体、对象进行了界定[12]。

国内对于海洋生态补偿立法和法律制度构建的研究与探讨已经成为近年来的热点问题。鉴于海洋生态补偿与海洋生态系统、海洋环境保护和管理等各方面关系复杂，海洋生态补偿制度建设的理论研究在实践中也遇到很多问题。目前学者的研究内容主要包括法理、制度和模式等问题，以及海洋资源管理的现状、问题及调控措施方面，尚处于探索阶段，还没有形成科学的理论体系，相应的法律规范、司法判例都很匮乏，大多数研究主要集中在补偿的理论基础、补偿主体、补偿资金筹集、补偿方式、补偿标准等方面[17]，且缺乏实证检验。在我国，政府补偿仍是主要形式和主要研究内容[18]。在其他海洋资源管理领域，生态补偿的实践研究较少。

在我国海洋生态补偿立法和机制构建方面，较多研究通过分析我国海洋生态环境问题阐述了构建海洋生态补偿法律机制的必要性和可行性及海洋生态补偿的完善对策。我国现行的基本用海与管海法律法规与制度为海洋生态补偿制度的建立提供了一定的法律基础，尽管如此，海洋生态补偿制度建设仍面临诸多困境和不足，海洋生态补偿制度构建的立法理念未确立；现有的法律规定含糊不清，可操作性不强，缺乏具体的实施标准[19]；现有法律制度使海洋生态补偿难以兼顾效率性与公平性，难以有效地在市场失灵与政府失灵之间找到平衡点[20]；海洋生态补偿缺乏长效的资金来源与制度保障；海洋生态补偿难以确立明确的补偿标准、范围、方式等，仍存在海域生态补偿适用范围缺乏法律界定、补偿标准不一等问题[21]。相关研究还指出，完善海洋生态补偿法律体系，不仅需要建立和完善海洋资源产权制度，明确界定各种行为的责、权、利关系及主体，还要完善海洋生态补偿技术体系，完善海洋生态损害评估体系，建立海洋生态补偿标准[17,22]。此外，还有部分学者对海洋自然保护区生态补偿法律制度进行了探究，从法学的角度直接对构建海洋自然保护区生态补偿法律制度提出了见解[23]。

总之，就目前关于海洋生态补偿的国内外研究而言，既有成功的经验可供借鉴，同时又存在诸多不足，将这些不足作为以后研究的导向，为相关法律制度的完善提供理论依据，增加海洋生态补偿的法律供应，满足海洋生态补偿的实践对立法发展的需求。

第三节　中国海洋生态补偿立法的缘起与发展过程

一、政策沿革

我国自 1994 年实施分税制以来，财政转移支付成为中央平衡地方发展和补偿的重要途径，但是几乎没有正式提出建立生态补偿机制的问题。

2005 年 12 月国务院公布的《国务院关于落实科学发展观加强环境保护的决定》（国发［2005］39 号）中提出了“要完善生态补偿政策，尽快建立生态补偿机制”“国家和地方可分别开展生态补偿试点”要求。这是我国较早提出建立生态补偿机制的国务院文件，明确指出国家和地方可以开展生态补偿试点，生态补偿制度建设得到了中央的有力支持。

2006 年 9 月，国家海洋局出台了《国家海洋局关于进一步规范海洋自然保护区内开发活动管理的若干意见》（国海发［2006］26 号），要求：“海洋自然保护区内严格控制各类建设项目或开发活动，因重点建设项目确需在保护区实验区内进行开发建设的单位和个人，必须提前一个月向保护区管理机构提交申请，并附建设项目或开发活动基本情况报告、对保护区生态环境影响报告及相应的生态环境保护措施，对保护区生态环境造成影响的应给予一定的生态补偿，用于保护区生态监测和生态恢复”。

2007 年 3 月，国务院印发的《国务院 2007 年工作要点》中要求“加快建立生态环境补偿机制。保护和合理开发利用海洋资源”。

2007 年 8 月，《国家环保总局关于开展生态补偿试点工作的指导意见》（环发［2007］

130 号）要求“加快建立自然保护区生态补偿机制”。

2008 年 2 月，经国务院批准，国家海洋局发布《国家海洋事业发展规划纲要》（简称《纲要》），这是新中国成立以来我国首次发布的海洋领域总体规划。《纲要》提出“加强海洋生物多样性、重要海洋生境和海洋景观的保护。重点实施红树林、海草床、珊瑚礁、滨海湿地等典型生态系统的保护、恢复和修复工程。海洋保护区总面积达到管辖海域面积的 5%，推进海洋保护区网络建设……制定海洋生态受损评估标准，开展海洋生态补偿机制的研究”。这是在国务院提出建立生态补偿机制后，国家海洋局在海洋生态补偿领域进行的初步探索。

2009 年 3 月，国家海洋局印发《关于进一步加强海洋环境监测评价工作的意见》（国海环字［2009］163 号）要求“对海洋工程特别是围填海项目实施动态监测，评估海洋生态环境变化，确定生态受损程度，为生态修复及补偿工作奠定基础”。

2009 年 8 月，国家海洋局印发的《国家海洋局关于进一步加强海洋生态保护与建设工作的若干意见》（国海发［2009］14 号）中提到“国家海洋局将制定出台《海洋生态损害补偿赔偿办法》及相关标准，建立健全海洋与海岸工程生态补偿、生态污损事故赔偿等海洋环境经济政策，条件成熟的沿海地区海洋部门要积极开展海洋生态损害补偿赔偿工作试点”。

2010 年 5 月，国务院发布《国务院关于进一步加大工作力度确保实现“十一五”节能减排目标的通知》（国发［2010］12 号），要求“深化生态补偿试点，完善生态补偿机制”。

2010 年 10 月，中国共产党第十七届中央委员会第五次全体会议通过的《中共中央关于制定国民经济和社会发展第十二个五年规划的建议》中将我国“十二五”期间的海洋经济发展提升到国家战略的高度，发展蓝色海洋经济已经成为我国可持续发展的重要保障，并提出“加快建立生态补偿机制，加强重点生态功能区保护和管理”，在“十二五”规划中海洋经济在国民经济发展中的地位显著提高，海洋生态保护得到重视，海洋生态补偿的原则初步形成。

2012 年 11 月，党的十八大报告明确提出建立反映市场供求和资源稀缺程度、体现生态价值和代际补偿的资源有偿使用制度和生态补偿制度。我国是海洋大国，海洋在我国国土资源中占据重要地位，生态文明与美丽中国的建设都离不开对海洋的开发与保护。

2013 年 4 月，国家海洋局公布的《国家海洋事业发展“十二五”规划》指出，从恢复海洋生态功能、提高海洋生态承载力角度出发，将研究建立海洋生态补偿机制，选择典型海域开展海洋生态补偿试点。

2013年7月，国务院办公厅印发的国家海洋局“三定方案”中在海洋生态环境保护管理职能方面指出：依法监督陆源污染物排海，组织起草海洋自然保护区和特别保护区管理制度和技术规范并监督实施，完善海洋生态补偿制度，组织开展海洋生物多样性保护工作，组织实施重大海洋生态修复工程。

2013年11月，党的十八届三中全会审议通过了《中共中央关于全面深化改革若干重大问题的决定》（简称《决定》）。《决定》中指出，为加快生态文明制度建设，实行资源有偿使用制度和生态补偿制度，改革生态环境保护管理体制。《决定》明确提出“坚持谁受益、谁补偿原则，完善对重点生态功能区的生态补偿机制，推动地区间建立横向生态补偿制度”。

2014年10月，党的十八届四中全会再次提出：建立健全自然资源产权法律制度，完善国土空间开发保护方面的法律制度，制定完善生态补偿和土壤、水、大气污染防治及海洋生态环境保护等法律法规，促进生态文明建设。

2015年4月，《国务院关于印发水污染防治行动计划的通知》中提出开展海洋生态补偿及赔偿等研究，实施海洋生态修复。

2015年4月，《中共中央国务院关于加快推进生态文明建设的意见》发布，提出“加强海洋资源科学开发和生态环境保护”的要求。6月，为落实《中共中央国务院关于加快推进生态文明建设的意见》，国家海洋局印发《国家海洋局海洋生态文明建设实施方案》（2015—2020年），明确了海洋生态文明建设的具体工作任务，其中明确提出“实行海洋生态补偿制度”的要求。

2015年8月1日，国务院《关于印发全国海洋主体功能区规划的通知》（国发［2015］42号）明确提出“制定海洋生态损害赔偿和损失补偿相关规定”。

2015年9月，中共中央、国务院印发了《生态文明体制改革总体方案》，明确提出“到2020年，构建起由自然资源资产产权制度、国土空间开发保护制度、空间规划体系、资源总量管理和全面节约制度、资源有偿使用和生态补偿制度……构建反映市场供求和资源稀缺程度、体现自然价值和代际补偿的资源有偿使用和生态补偿制度，着力解决自然资源及其产品价格偏低、生产开发成本低于社会成本、保护生态得不到合理回报等问题”。

2016年3月，《国民经济和社会发展第十三个五年规划纲要》中提出要加快建立多元化生态补偿机制，完善财政支持与生态保护成效挂钩机制，建立健全生态环境损害评估和赔偿制度，落实损害责任终身追究制度。

2016年5月13日，国务院办公厅发布了《关于健全生态保护补偿机制的意见》，确定生态补偿的原则为“谁受益、谁补偿”；要求“研究建立国家级海洋自然保护区、海洋特别保护区生态保护补偿制度”，“加快推进法制建设。研究制定生态保护补偿条例。鼓励各地出台相关法规或规范性文件，不断推进生态保护补偿制度化和法制化”；制定生态保护补偿机制建设的目标任务为“到2020年，实现森林、草原、湿地、荒漠、海洋、水流、耕地等重点领域和禁止开发区域、重点生态功能区等重要区域生态保护补偿全覆盖，补偿水平与经济社会发展状况相适应，跨地区、跨流域补偿试点示范取得明显进展，多元化补偿机制初步建立，基本建立符合我国国情的生态保护补偿制度体系，促进形成绿色生产方式和生活方式”。

2016年8月，中共中央办公厅、国务院办公厅《关于设立统一规范的国家生态文明试验区的意见》及《国家生态文明试验区（福建）实施方案》中明确提出“建立多元化的生态保护补偿机制……完善生态保护区域财力支持机制。建立稳定投入机制，综合考虑不同主体功能区生态功能因素和支出成本差异，切实加大对限制开发区域、禁止开发区域特别是重点生态功能区的财力支持力度”。

2016年10月，《全国生态保护“十三五”规划纲要》中为保障我国生态保护工作的顺利开展，提出要健全体制机制，其中包括“推动建立健全国土空间开发与保护制度，以及生态环境损害评估和赔偿、生态保护补偿等制度。支持各地建立生态保护补偿机制”。

2016年11月，国务院印发的《“十三五”生态环境保护规划》明确提出“加快建立多元化生态保护补偿机制。加大对重点生态功能区的转移支付力度，合理提高补偿标准，向生态敏感和脆弱地区、流域倾斜，推进有关转移支付分配与生态保护成效挂钩，探索资金、政策、产业及技术等多元互补方式。完善补偿范围，逐步实现森林、草原、湿地、荒漠、河流、海洋和耕地等重点领域和禁止开发区域、重点生态功能区等重要区域全覆盖”。

2017年10月，党的十九大报告中明确提出“建立市场化、多元化生态补偿机制”。

纵观我国生态补偿政策发展演变，国家层面从宏观尺度为生态补偿制度建设提出了未来发展的方向和基本要求，持续推动着生态补偿立法进程向前迈进。

二、立法进展

最初的生态补偿立法主要是关于森林、大气污染物、水污染、水源地、草原、水电工程建设等方面的生态补偿。2007年国家环境保护总局发布了《关于开展生态补偿试点工作的指导意见》，明确了开展生态补偿试点工作的指导思想、原则和目标，规定建立重点领域的生态补偿机制、加强生态补偿试点工作的组织实施等，明确生态补偿的原则是“谁开发、谁保护，谁破坏、谁恢复，谁受益、谁补偿，谁污染、谁付费”。这一指导意见为我国生态补偿试点工作指出了方向。在海洋方面，山东、福建、广东等省坚持环境治理、陆海统筹，在围填海、跨海桥梁、航道、海底排污管道等工程建设中开展海洋生态补偿试点。

我国早期的海洋环境立法大多是针对海洋资源的开发利用、海岸和海洋环境污染防治以及海洋生态破坏进行的规制，很少涉及海洋生态补偿制度的建设。随着国家政策方针对海洋生态补偿的重视，相关立法的进程也逐渐融入我国生态补偿法制建设和海洋环境保护法律体系修改和完善的过程中，其基本原则和法律地位也逐步得以确立。

2010 年 4 月，国务院启动了生态补偿立法程序，成立了立法工作组，由国家发展和改革委员会西部开发司组织开展《生态补偿条例》的起草工作。2010 年《生态补偿条例》框架已经初步确定，明确了基本原则、补偿的领域和主体、补偿的方式及资金来源等五个方面的内容，并以此为依据，进一步细化流域、森林、草原、湿地、矿产资源等各领域的实施细则。其中，海洋领域的生态补偿是生态补偿立法的重要组成部分。2014 年《生态补偿条例》草稿已经形成，相信不久的将来将颁布《生态补偿条例》。

2014 年 4 月 24 日新修订的《中华人民共和国环境保护法》规定了“环境保护坚持保护优先、预防为主、综合治理、公众参与、损害担责”的原则，并提出“国家建立、健全生态保护补偿制度。国家加大对生态保护地区的财政转移支付力度。有关地方人民政府应当落实生态保护补偿资金，确保其用于生态保护补偿。国家指导受益地区和生态保护地区人民政府通过协商或者按照市场规则进行生态保护补偿”。

2017 年新修改的《中华人民共和国海洋环境保护法》第二十四条明确规定“国家建立健全海洋生态保护补偿制度”。除了国家层面的生态补偿立法外，地方也积极开展海洋生态补偿机制建设的研究和立法尝试，例如，1996 年天津市人民政府发布的《天津市海域环境保护管理办法》、2002 年福建省第九届人民代表大会常务委员会第 34 次会议通过的《福建省海洋环境保护条例》、2008 年海南省第四届人民代表大会常务委员会第四次会议通过的《海南省海洋环境保护规定》都明确规定了海洋生态补偿的要求。山东省在 2010 年 6 月颁布的《山东省海洋生态损害赔偿费和损失补偿费管理暂行办法》，是我国首个海洋生态赔偿补偿办法，2016 年对原有办法进行修订，出台了《山东省海洋生态补偿管理办法》。2013 年 12 月，浙江省公布了《浙江省海洋生态损害赔偿和损失补偿管理暂行办法》（草案），征求公众意见。地方层面的立法尝试呈现出分散、多样的特征，这也进一步凸显了国家层面统一海洋生态补偿立法进程的必要性和迫切性。

近年来，国家海洋局大力推动海洋开发利用活动生态补偿和海洋自然保护区、海洋特别保护区等重点生态功能区生态保护补偿工作，委托有关技术单位进行了大量研究工作，并计划近期出台相关的管理文件和技术标准用于规范全国的海洋生态补偿工作，实现海域、区域间生态补偿的全覆盖。

海洋生态补偿立法是生态补偿制度建设的重要部分，目前森林、草原、流域的生态保护补偿制度建设已经取得了一定的成就和经验，但是海洋生态补偿立法仍然处于不完善阶段，虽然从法律层面提供了海洋生态保护补偿的依据，但是其规定过于原则性、指导性，不具有实际的操作性。国务院及其各部门的文件中多次提出了海洋生态补偿的任务、要求和目标，但是至今国家层面没有一部专门针对海洋生态补偿而颁布的法律法规或规章用于规范全国的海洋生态补偿工作。为建立健全海洋生态补偿制度，必须加强海洋生态补偿立法进程，针对海洋生态补偿立法涉及的关键问题加紧研究，总结和借鉴国内外有益实践经验，为立法实践提供科学支撑，这也是本研究所要达到的主要目标。

第二章　海洋生态补偿立法的科学理论依据

第一节　外部性理论

经济外部性理论是由著名的经济学家马歇尔以及他的学生庇古（Arthur Cecil Pigou）提出并完善的。经济外部性理论的实质是在实际经济活动中某一主体的行为活动对其他经济主体产生的“非市场性”的附带影响。这种“非市场性”源于某些物品的公共物品性质，导致造成的影响不在决策者考虑范围之内，就好比一只“看不见的手”在价格体系中难以体现，从而导致市场失灵、资源配置的无效或低效。外部性一般具有“负外部性”和“正外部性”两个相反的方面。简单地说，正外部性是指某行为对其他主体有好的影响，使其无偿获得收益，行为主体不会获得回报。相反，负外部性是指某行为给其他主体造成了坏的影响，使其遭受了某种损失，却不给予补偿。

生态资源提供的服务和惠益是典型的正外部性，例如新鲜的空气、洁净的水源和食物资源、优美的景观以及生物多样性等都属于正外部性。而环境污染和生态破坏是典型的负外部性，例如生产者在生产过程中污染了环境或破坏了生态资源，但是却从出售产品的过程中获益而没有支出污染环境和破坏生态的成本，这种生态环境的损害被全体社会成员分担了。很多人为的环境退化和生态破坏现象都可以用负外部性原理来解释和分析，例如：过度捕捞导致加拿大纽芬兰鳕鱼渔场的永远消失；过度砍伐森林造成森林生态破坏，从而导致我国 1998 年长江流域特大洪水。海洋生态系统具有公共产品的属性，对海洋生态环境的破坏或保护，都具有明显的外部性特征[24]。海洋生态的保护者和建设者创造的海洋生态价值被其他社会成员共享而无法得到补偿，海洋生态的污染者和破坏者造成的损害被其他社会成员共同分摊而没有支出补偿。海洋生态环境问题根源于其存在的外部性。

从经济学的角度来分析，消除负外部性和增加正外部性的方法，是将外部性内部化，即将具有外部性的损害和利益都明确分配给外部性的制造者。但是由于此时市场是失灵的，因此在外部性的矫正方面，政府的干预就具有了经济学上的正当性。同理，在矫正海洋生态建设或破坏所具有的外部性方面，依赖政府采取有效的措施进行理性的干预是必要的。

生态补偿就好比联系生态保护和普遍服务的纽带，通过对生态产品的边际私人成本或边际私人收益进行调整，将这种非市场性的隐性影响显化，纠正因为经济外部性而造成的市场失灵，从而实现资源配置高效性。

第二节　生态系统服务理论

生态系统服务（ecosystem services）是指对人类生存和生活质量有贡献的生态系统产品（goods）和服务（services）。生态系统产品是指在市场上用货币表现的商品；服务是指不能在市场上买卖，但具有重要价值的生态系统的性能，如净化环境、保持水土、减轻灾害[25]。2001 年 6 月，联合国“千年生态系统评估”项目的综合报告中，生态系统服务被界定为“人类从生态系统获得收益”，具体包括供给服务、调节服务、文化服务和支持服务四大类。

生态系统服务付费（Payment for Ecosystem/Ecological/Environmental Services，PES），又经常被称为“环境服务付费”，是随着生态系统服务概念的提出以及人们对其认知的逐步深入，在各国立法、政策与实践中出现的生态保护手段。生态系统服务付费的概念起源于 20 世纪 70 年代，1996 年哥斯达黎加最早在其《森林法》中规定了生态系统服务付费制度。之后，美国和欧洲的很多国家也纷纷采用或建立了生态系统服务付费制度。以保护生态系统服务为目标而开展的付费活动即为生态系统服务付费，因此即使某些实践活动没有被命名为生态系统服务付费，它们实质上也属于生态系统服务付费的范畴。国际上生态系统服务付费最近的发展体现出如下趋势：政府和政府之外的主体都在积极参加生态系统服务付费的实践，这种主体的增加导致生态系统服务付费的实施形式开始向多样化发展，摆脱了简单的政府公共性支付形式的局限[26]。

当前我国大规模开展的生态补偿在内涵上比生态系统服务付费更加广泛和复杂，我国的实践也将对生态补偿理论的发展和成熟起到重要的推动作用。

第三节　自然资源国家所有权理论

“资源是指由人发现的有用途和有价值的物质。”[27]一般来说广义的资源包括了自然资源和社会资源，而狭义的资源往往仅仅指自然资源。自然资源的概念是建立在经济学的基础上，所以一般偏重强调自然资源对人的有用性和天然性，即自然资源必须对人具有经济价值。例如《辞海》中对资源的定义是："天然存在的自然物，不包括人类加工制造的原料。如土地资源、水利资源、生物资源和海洋资源等，是生产的原料来源和布局场所。随着社会生产力的提高和科学技术的发展，人类开发利用自然资源的广度和深度也在不断增加"[28]。伴随全球经济一体化，当代环境问题越发突出，人们逐渐接受了可持续发展观，相应的自然资源的概念也经历了转变的过程。1972 年联合国环境规划署对自然资源做出如下定义："所谓自然资源，是指在一定的时间条件下，能够产生经济价值以提高人类当前和未来福利的自然环境因素的总称。"[29]

相应地，法学中自然资源的概念也在不断发展和扩张。根据《布莱克法律词典》第 9 版的解释，自然资源是任何来自于自然具有潜在的经济价值或有助于生命的延续的物质，如木材、矿产、石油、水和野生动物[30]。在土地、水、森林、矿产、能源等传统的自然资源以外，宇宙空间、臭氧层、微生物、遗传基因等许多新的自然资源类型在不断进入法律调整的范围之内。经济价值原来是自然资源中居于首位的价值，也是受到法律关注和调整最多的价值，但自然资源的社会价值和生态价值却一直未能被重视。"但是在当代严峻的资源环境形势面前，法律已经无法绕开自然资源三大基本价值中的任何一部分，自然资源价值的多元化不可避免。自然资源价值的多元化还意味着法律需要在多元价值之间取舍和平衡，并在自然资源的多种竞争性用途之间进行合理分配。例如，《美国联邦土地政策管理法》就明确规定，'应当以下述方式管理各公有土地，即保护它的科学、风景、历史、生态、环境、大气、水资源和考古学等各方面的价值或质量；如果适当，则应保留、保护某些公有土地使它们仍处于原始状态，使得它们能为人们提供户外娱乐的机会、为人类提供居住场所和用作他用'。这部法承认，公有土地的生态价值和社会价值优先于经济价值"[31]。

自然资源的国家所有权制度是创设自然资源使用权制度的前提性基础。自然资源是国家社会经济发展中的重要基础，而现代社会面临着资源枯竭的严峻挑战，因此开发利用自然资源必须建立良好的秩序，而且应该尽可能避免混乱无序的状况。同时由于自然资源也具有公共物品的属性，为了维护全体国民的公共利益，需要防止在开发利用自然资源过程中破坏生态环境的行为。因此，自然资源的国家所有权制度的重要功能之一是为了保障日益凸显稀缺性的自然资源的可持续性利用，从而实现经济的可持续发展。在自然资源的问题上，当今各国在自然资源权属制度上表现出国家所有权的一些共性发展趋势，即：第一，国家所有权在自然资源产权结构中的地位迅速提升；第二，当代各国的自然资源国家所有权制度表现出较强的趋同性，保障可持续发展成为当代国家选择自然资源国家所有权制度的主要原因之一；第三，近代国家主要依赖民法或私有财产权利体系调整自然资源国家所有权的立法模式发生了根本变化，当代自然资源国家所有权制度日益呈现公法和私法相结合的多元化调整趋势[32]。

自然资源的有偿使用，是指国家作为自然资源所有权人，为实现自然资源的可持续开发利用，实现所有权人权益，向开发利用自然资源的主体收取自然资源使用费的制度。我国在改革开放之前，由于实行社会主义计划经济，曾经长期实行自然资源无偿使用，在自然资源配置上只有公法调节，从而导致自然资源配置不合理，使用效率低下，浪费现象严重，对自然资源的使用没有建立完善的流转制度，没有竞争，自然资源的经济价值无法得到充分实现。在改革开放，发展市场经济的大背景下，实现自然资源的合理配置，提高使用效率，减少浪费，充分实现自然资源的经济价值的目标就成为实行自然资源有偿使用制度的强力推动因素。反映到法律上，就是要明确产权，使市场成为资源配置的主要手段，优化资源配置，用物权法调节自然资源配置。在确立自然资源的国家所有权之后，以有偿使用、支付自然资源使用费为媒介，实现了国家所有权和使用权的分离，私法主体可以有偿使用自然资源，从而在自然资源配置环节中引入市场竞争机制，实现自然资源的合理配置，提高资源使用效率，进而实现自然资源的经济价值，建立自然资源使用的良好秩序。

《中华人民共和国海域使用管理法》（简称《海域使用管理法》）明确规定，海域属于国家所有，国务院代表国家行使海域所有权。同时，对海域使用权的权属确定、法律关系和使用管理做出了一系列的规定，并对作为国家重要资源的海洋资源的合理开发和可持续利用制定了基本规则。

第四节　公平性理论

根据《中华人民共和国物权法》和《海域使用管理法》的规定，“海域属于国家所有”，同时“法律规定属于国家所有的财产，属于国家所有即全民所有”。我们国家的海域属于国家所有，也即海洋资源属于全民所有，利用海洋资源的个人、集体或政府部门，应在充分体现社会公平性的原则下主动开展海洋生态补偿工作。海洋自然资源属于全民所有的内涵应当包括当代人和后代人所有，实现当代人和后代人的公平利用，即公平性理论包括代内公平和代际公平。该理论认为人类各代都处在同一生存空间，他们对这一空间中的自然资源和社会财富拥有同等享用权，他们应该拥有同等的生存权。当代人在开发利用海洋自然资源的过程中应当对其进行保护，既满足当代人对资源的需求，又不损害后代人利用资源的能力，实现资源的可持续利用，真正实现代内公平和代际公平。

实现代内公平，即实现当代人与其他种族之间、不同国家和地区之间的公平。一部分人对海洋资源进行开发利用，必然会对海洋资源产生影响并造成一定环境损害，影响到其他人、种族的生存环境和对资源的利用水平，而每个人原则上对资源和环境的利用有平等权，一部分人对资源的利用和破坏对其他人的利用产生了限制就不能实现平等权，如此就难以实现代内公平，因此需要海洋开发利用者对海洋资源和环境进行保护和补偿，以此保障其他人和种族对海洋资源和环境的平等利用。

实现代际公平，即实现当代人和后代人之间对资源、环境的公平利用。当代人在开发利用海洋资源、环境的时候应当考虑资源的可持续利用，满足自身需要的同时，不应当超过资源的再生能力和环境的自净能力，继而影响到后代人对资源的利用。

为促进公平，在补偿方式和标准的确定上应具有科学性，根据不同地域、不同环境条件制定相应的补偿方案，即使补偿主体可以承受，也使补偿对象可以接受，令各利益相关方心悦诚服，共同接受。为制定出切实可行的补偿方案，可采用多种方法进行评估，最终确定最能体现公平的补偿结果，如可以参考环境影响评价的结果确定，也可用成本法或补偿意愿对作出牺牲者补偿，还可以采用生态系统服务价值评估等。

海洋生态补偿制度的目标之一就是实现“公平”，公平性理论也应当贯穿于海洋生态补偿的全过程，在公平性原则的指导下开展海洋生态补偿。

为保障海洋生态补偿制度的公平运行，应保障利益相关者的知情权，在具体操作过程中应注重政府相关信息的公开，保证补偿程序的规范和透明，最重要的是要使利益相关者清楚生态补偿资金的筹集、分配和使用流程。应鼓励公众对生态补偿金流转全过程进行监督，在此过程中政府应注重与公众的沟通，倾听群众的心声，重视反馈与举报等，一旦发现有违纪、违法行为，坚决查办，绝不姑息。

第五节 可持续发展理论

可持续发展理论要求人口、科技、经济、社会、资源与生态环境等要素间的和谐发展，要合理开发与利用自然资源，使再生性资源能够保持其再生产能力，非再生性资源不至于过度消耗并能够得到替代资源的补充，环境自净能力能够得以维持。1987 年，世界环境与发展委员会发布了题为“我们共同的未来”的报告，报告提出了可持续发展的战略，把可持续发展定义为“既满足当代人的需要，又不对后代人满足其自身需要的能力构成危害的发展”，提出保护环境的根本目的在于确保人类的持续存在和持续发展，标志着一种新发展观的诞生。人与环境的和谐共存，是可持续发展的基本模式。自然系统是一个生命支持系统。如果它失去稳定，一切生物（包括人类）都不能生存。自然资源的可持续利用，是实现可持续发展的基本条件。因此，节约资源就成为可持续发展的一个基本要求。它要求在生产和经济活动中对非再生资源的开发和使用要有节制，对可再生资源的开发速度也应保持在它的再生速率的限度以内。应通过提高资源的利用效率来解决经济增长的问题。

可持续发展理论在具体内容方面，包括经济可持续、生态可持续和社会可持续三方面的协调统一，要求人类在发展中讲究经济效率、关注生态和谐与追求社会公平，最终实现人的全面发展。可持续发展理论将环境问题与发展问题有机地结合起来，已经成为一个有关社会经济发展的全面性战略。

从全球普遍认可的概念中，我们可以梳理出可持续发展理论的内涵包括以下几个方面：首先，可持续发展追求的是整体发展和协调发展，即共同发展；其次，可持续发展包含了时间维度和空间维度的公平发展；再次，可持续发展是指经济、社会、资源、环境、人口等协调下的高效率发展；最后，各国与各地区在实施可持续发展战略时，应该从国情或区情出发，走符合本国或本区实际的、多样性的、多模式的可持续发展道路。

海洋生态环境与经济社会发展紧密相连，海洋经济在国民经济中占据重要地位，“十二五”期间，我国海洋经济继续保持总体平稳的发展势头，年均增长 8.1%，依然是拉动国民经济发展的有力引擎。2015 年，海洋经济总量接近 6.5 万亿元，比“十一五”期末增长了 65.5%；海洋生产总值占国内生产总值比重达 9.4%；涉海就业人员 3 589 万人，较“十一五”期末增加 239 万人。海洋资源与生态环境的可持续发展是海洋经济健康可持续发展的重要保障，同时海洋资源与生态环境具有生态系统服务功能，能够为社会经济的可持续发展提供休闲娱乐、文化价值和科研价值等。改善生态环境、维持生态平衡是实现海洋生态环境与经济社会共同协调、高效、可持续发展的必然要求。

根据可持续发展理论的要求，为了维持海洋资源与生态环境的可持续发展，需要建立有效的海洋自然资源和生态环境管理体系，并采取科学、有效和综合性的政策、法律、经济和管理手段对海洋生态环境进行管理。海洋生态补偿制度建立的目标就是通过调整各利益相关者的权利与义务关系，实现对海洋生态环境的保护，提高海洋生态系统服务价值，进而实现海洋资源与生态环境的可持续发展，实现区域公平与代际公平。

第六节　生态系统管理理论

目前，不同的专家、学者、社会组织对生态系统管理的概念有不同的认识，通行的生态系统管理概念是“在对生态系统组成、结构和功能过程充分理解的基础上，制定适应性的管理（adaptive management）策略，以恢复或维持生态系统整体性和可持续性”。

21 世纪初，随着研究的不断深入，基于生态系统的海洋综合管理的边界从原来的以政治界线为边界转变为以生态系统界线为边界。在陆地上，流域一般被认为是一个合适的基于生态系统的管理单元，特别是涉及水污染问题时。由于陆地活动与海洋环境之间的关系密切，基于生态系统的海洋边界必须结合海洋生态系统以及流入这一生态系统的流域，因此，管理的范围由海洋-近岸系统延伸到了整个海洋，包括河口-近岸-海洋生态系统。这样基于生态系统的管理范围扩展到了整个有着共同利益和问题的区域，许多学者称之为区域海洋生态系统管理。

一般而言，实施生态系统管理方法有几种方案可供选择，一是将生态系统管理方法的各项原则纳入到国家和区域层次的生态保护战略和规划中（如生物多样性战略与行动计划）；二是将生态系统管理方法的各项原则纳入到政策、规划和各个行业部门（如森林、渔业、农业等）的计划中[33]。

生态系统管理方法要求采取适应性管理策略来处理生态系统的复杂性和动态性，并弥补对生态系统功能理解中的知识缺陷。生态系统过程通常是非线形，结果往往有时滞效应。同时，这种结果也是不连续性的，并伴随有风险和不确定性。因此，管理对策必须是适应性的，或者是有反馈的。即使在一些因果关系还不十分明确的前提下，仍然需要采取一些必要的应对措施。

生态系统管理的核心内涵是以一种社会、经济、环境价值平衡的方式来管理自然资源，包括生态学的相互关系、复杂的社会经济和政策结构、生态系统服务功能和价值等方面的知识。其本质是保持系统的健康和恢复力，使系统既能够调节短期的压力，也能够适应长期的变化。

生态系统管理将整个生态系作为一个整体，在现有的资料和研究的基础上，模拟和预测生态系统的变化趋势，以综合评价其状态、结构以及功能，提出基于生态系统的管理对策，并通过监测、反馈和适应性调整等策略，维持生态系统的健康、完整，使其生态屏障和物质能量交换通道的功能发挥到最大化，并在最大承载力的范围内达到综合效益的最大化和社会经济可持续发展。

因此，海洋生态补偿立法实践应该根据环境管理学、海洋生态学和海洋环境科学的基础理论，应用生态系统方法，构建基于生态系统管理的海洋生态补偿机制。

第三章　国外海洋生态补偿立法的实践及经验

海洋生态补偿是改善生态状况、提升生态效益的有效措施。为保证生态补偿机制实施的稳定性、长期性和执行力，许多国家加强了生态补偿的立法，先后出台了生态保护与利益补偿相关的法律。尽管各国的国情存在较大差异，但主要国家在实施海洋领域以及其他自然保护领域的生态补偿方面的立法经验对于我国相关法律和制度的建设具有参考和借鉴意义。

第一节　主要国家或实体的立法及实践概况

一、美国的海洋生态补偿制度

1. 美国国家海洋和大气管理局建立的提升沿海社区恢复力基金

2015 年 5 月 19 日，美国国家海洋和大气管理局（NOAA）宣布将提供总计 900 万美元的基金计划以支持提升沿海社区恢复力。这笔基金由两项新的 NOAA 基金计划共同提供，分别是国家海洋局（NOS）的“2015 区域性沿海恢复力基金计划”（提供 500 万美元的竞争性基金）和国家海洋渔业局（NMFS）的“沿海生态系统恢复力基金计划”（匹配 400 万美元）。两项新的基金计划将有助于沿海社区及其管理者设计符合实地的项目，以促进当地海岸带发展更加适应极端天气事件、气候灾害和海洋环境变化的影响。

（1）区域性沿海恢复力基金计划。该计划支持以区域方式开展沿海地区、社区和经济部门恢复力研究，以减少极端天气事件、气候灾害以及海洋环境变化带来的负面影响。同时，计划还将支持减缓环境驱动力对整体恢复力的影响的规划或实施行动。

（2）沿海生态系统恢复力基金计划。该计划旨在构建美国沿海生态系统和社区的恢复力、开展栖息地恢复以及保护健康和可持续的沿海生态系统。优先考虑支持的项目内容包括：①提升可维持鱼类种群健康和提供生态系统功能的栖息地的恢复力，以减少与极端天气事件和气候变化相关的灾害和风险；②为应对极端天气事件和气候变化提供可持续的生态效益与恢复力，并考虑适应已知或潜在的气候变化影响；③实施能带来直接有益影响的恢复行动；④展示与多方利益相关者之间的合作；⑤获得该州州长批准；⑥能够带来与沿海生态系统修复相关的社会经济效益。

2. 美国墨西哥湾海洋生态修复法令

美国作为国际上海洋油污治理的先进国家，于 1990 年制定了《油污法》（简称 OPA90)，成立了国家油污基金中心（NPFC)，并依据此法和 1986 年国内税收法典第 4611 条和第 9509 条设立了 10 亿美元的溢油责任信托基金（OSLTF)，为油污受害人提供了比国际公约范围更宽、标准更高的保护。该基金有两大突出功能：一是先行支付清污费用功能，即一旦发生油污事故，基金立即启用，采取有效措施清污，有效地降低或减少油污的损害，随后再评估损害程度，追究责任方责任；二是补充赔偿功能，即对于未能从污染责任方获得赔偿的损害，可以向基金申请赔偿，起到一种最终保护的社会功能。

2010 年 4 月，墨西哥湾的"深水地平线"钻井平台的爆炸事故造成大量原油泄漏，是人类历史上最为严重的一次原油泄露事件，极其严重地影响到了墨西哥湾区域的生态环境。2012 年，美国国会针对墨西哥湾区域生态恢复工作，发布了《墨西哥湾地区的资源和生态系统的可持续、旅游发展和经济恢复法案》(简称《墨西哥湾恢复法》)。《墨西哥湾恢复法》的立法目的是恢复墨西哥湾区域的自然资源、生态系统、渔业、海上栖息地以及海岸湿地，在受到影响的地区创造就业机会，恢复经济发展。《墨西哥湾恢复法》的立法原则是可持续发展原则，保护环境和人类健康原则，权益平衡与制约原则。该法规定，美国建立墨西哥湾区域生态恢复基金制度以促进墨西哥湾区域的生态系统的恢复。该制度也是这部法案最具有特色的制度，同时为保证该制度的运行，还为墨西哥湾区域的生态恢复建立了专门机构——墨西哥湾区域生态系统恢复委员会。该法案为墨西哥湾区域的恢复提供了框架性的指导，最重要的是将依据《清洁水法》获得的 80%的溢油赔偿金用来恢复墨西哥湾地区的生态及经济发展。《墨西哥湾恢复法》确保这些资金用于恢复墨西哥湾区域受损的生态系统和环境上。这样不仅提高了赔偿款项的利用率，而且可切实稳妥地为墨西哥湾区域的生态环境提供适时的应对策略。

《墨西哥湾恢复法》中最为重要也是最具特色的法律制度就是构建起墨西哥湾区域生

态恢复信托基金制度，该法规定了信托基金的来源及分配和建立墨西哥湾区域生态恢复委员会。墨西哥湾区域生态恢复信托基金是指利用在2010年墨西哥湾溢油事故中依据《清洁水法》获得的80%的赔偿金，建立单独的信托基金用于墨西哥湾区域的生态恢复。墨西哥湾区域生态系统范围涵盖了阿拉巴马州、佛罗里达州、路易斯安那州和德克萨斯州等州的近海水域和沿岸生境，强调政府间协作开展恢复工作，且以恢复并保护生境、恢复水质、补充和保护海洋及沿岸的生物资源、改善沿岸居民的生存环境为目的。墨西哥湾区域生态恢复信托资金的接受方为非联邦实体，从联邦机构直接接受资金，根据《墨西哥湾恢复法》进行生态恢复活动，接受方也包括中介组织或中间实体组织这些非联邦实体，由这些实体向实施方提供资金来实行法案中的部分项目。墨西哥湾区域生态恢复委员会的基本职责是制定一个综合计划来恢复墨西哥湾的生态和经济。其于2013年7月6日发布了墨西哥湾综合生态系统修复计划，30%的生态恢复信托基金将用于这个计划直接包含的项目之中。

二、澳大利亚生物多样性银行和抵消计划

澳大利亚的《环境保护和生物多样性养护法》（Environment Protection and Biodiversity Conservation Act，1999）以及2007年的适用环境抵消的政策文件对环境抵消这一对开发活动剩余环境影响进行补偿的措施进行了规定。抵消是对采取了防止和减缓措施后仍然不能达到消除不利环境影响的情况下才予以考虑的措施，包括直接的抵消和其他补偿措施两类，前者是直接针对受影响的保护目标开展的，其他补偿措施是对于受影响的保护目标有利的措施，如资助相关科研项目等。根据《环境保护和生物多样性养护法》，抵消是在环境影响评价阶段予以考虑，抵消措施的适当性被作为项目批准决策的考虑因素。在环评过程中，首先确认活动是否会对保护目标产生重大环境影响；其次考察是否采取了合理的措施防止和减缓环境影响；再次评价剩余影响的强度，然后评估抵消措施是否适当、可行，《抵消评估指南》对该政策的相关要求和适当性的标准进行了明确，供开发利用者参照；最后综合考虑活动的社会经济因素和环境影响，确定该项活动是否可被接受，进而做出批准与否的决策。

澳大利亚新南威尔士州新近实施的生物多样性银行和抵消计划（Biodiversity Banking and Offsets Scheme，2007），实质上是一个管制型信用额度市场。根据澳大利亚《环境规划与评价法》（Environmental Planning and Assessment Act，1979）的规定，一些开发项目需要进行生物多样性影响评价，并且要对项目实施过程中造成的生物多样性损失进行抵消。该

计划的目的是利用生物多样性信用额度交易市场来帮助开发项目补偿所造成的生物多样性损失。首先，该计划采用生物多样性银行评价方法对开发项目进行评价，确定项目对生物多样性的影响大小及抵消其影响所需要的生物多样性信用额度的种类和数量。然后，开发项目可以通过在市场上购买相应种类和数量的信用额度来补偿所造成的生物多样性损失。与此同时，进行恢复和保护自然植被等活动的土地所有者，可以向该计划申请评价和核算所产生的各种生物多样性信用额度。

三、欧盟环境损害补救责任框架

欧盟层面的生态补偿措施相关法律依据包括：《环境影响评价指令》、《水资源框架指令》、《鸟类指令》和《栖息地指令》。《鸟类指令》和《栖息地指令》分别要求对特定野生生物栖息地损害进行补偿，并且结合《环境责任指令》（The European Directive on Environmental Liability），都在一定程度上被用作支持生物多样性和栖息地抵消市场的依据。欧洲委员会也开始考虑采用以市场为基础的机制作为实现《水资源框架指令》规定的水质和水量目标的一种方法。

欧盟于2004年通过的《环境责任指令》（2004/35/CE Directive）旨在建立基于“污染者付费”的责任框架，以预防和补救环境损害，要求各成员国在2007年实施。《环境责任指令》实行过错责任与无过错责任分别适用的原则，对于条款3（1）中所规定的废物及危险废物管理、向地表及地下水排放污染物等行为适用无过错责任，而对于规定以外的行为造成的自然资源损害适用过错责任。《环境责任指令》定义的自然资源为水、土地、野生物种和栖息地四大类，当对其的损害达到一定程度时要求进行补偿，而对于损害的界定主要是比较污染事件发生后自然资源状况与基线水平的差异。环境、自然资源损害的索赔主体为国家，由国家代表公众以自然资源受托人身份向环境损害的责任人提出赔偿要求。索赔范围包括自然资源恢复到基线水平的修复成本、对恢复期间损失的补偿性修复成本以及损害评估的成本。对于水、保护物种及自然栖息地损害的补救是通过主要补救、补足性补救以及补偿性补救将环境恢复到基线水平，其中补足性补救是在主要补救无法达到基线水平时进行，而补偿性补救是对中间损失进行补偿。

欧盟框架下各国依据相关指令要求形成了适用于本国的具体实施机制。例如，在西班牙，国家层面仅依据欧盟相关指令作出了宽泛规定，对于特定区域如何适用补偿以及补偿措施开展的条件等问题，尚没有国家层面的专门立法予以规范。实践中的生态补偿是作为环境影响评价框架下防止环境资源净损失、促进可持续开发的补救措施，环境影响评价过程中要求开发者采取实际手段防止或将环境损害降到最小，补偿措施是对于那些在采取了相关减缓损害影响的措施后仍然产生的损害或损失所采取的一系列补救措施，对于生境、生态价值和功能的损失可以采用替代性方式补偿。在各个自治区又明确制定了相关规范以推行补偿制度，例如：Andalucía 自治区授权主管机构对受影响地区自然价值的不可逆转损害执行补偿，同时准许采用开发者付费方式开展补偿措施；Aragón 自治区制定法令要求在生态敏感的潜在风场区域采取措施补偿环境损害；其他一些自治区立法还对应当在环境影响评价结论中确认的补偿措施内容进行了规定，包括补偿措施的实施地点、预算和实施计划，以及开发者实施补偿措施需要交纳的押金数额。

四、韩国海域使用和环保收费制度

韩国的海洋生态损害补偿相关制度主要体现在海洋开发利用管理和生态系统保护收费的相关立法中，主要分为以下三种。

1. 海洋生态系统保护负担金（levy）

根据韩国《海洋生态系统保护和管理法》第 49~53 条的规定，海洋和渔业部负责向开发利用海洋资源并对海洋生态系统产生显著影响或降低海洋生物多样性的活动征收负担金。征收的范围主要适用于海上大面积开发活动，如围填海、采矿、挖沙等。开发活动取得许可执照前一次性缴纳负担金。计算方法是受损害生态系统区域面积乘以每单位面积金额和区域系数，其中，单位面积的金额和区域系数由总统指令决定，前者应基于受损害海洋生态系统的价值，后者基于土地利用的目的来确定。主管部门征缴的负担金主要用于：进行海洋生态系统和生物物种的养护和修复项目；支持生境和养护管理；海洋保护区管理总体规划的实施；海洋生态系统养护和利用的设施建设和运作，等等。当开发利用者支付了负担金，并在取得许可后开展了海洋生态系统养护和管理项目，如建设替代海洋生态系统和进行修复工作，主管部门经过对生态损害评估之后将剩余部分负担金退还用海者。

负担金征收数额= 2.5 美元/平方千米×面积×区域系数（港口建设区的区域系数为 2；非港口建设区的区域系数为 4）

2. 海洋环境治理费

韩国《海洋环境管理法》第19~21条规定征收海洋环境治理费。海洋和渔业部对向海排放废物或污染物并使海洋环境和生态系统受到重大影响的活动征缴海洋环境治理费，相当于我国的排污费和倾倒费。按照污染程度收费，不同区域水质标准不同，收费也不同。征缴的治理费统一纳入渔业发展基金，应当用于海洋污染的防治和修复，海洋环境的养护和管理，援助采用环境友好方式利用海洋的企业实体和海岸带社区居民，落实相关的海洋环境改善措施，进行海洋环境相关研究和提出发展举措，开展海洋环境的检查、研究、宣传和教育，实施渔业产业支持项目，以及其他相关项目。

3. 海域占有和使用金

根据《公共水域管理和围垦法》第8~21条的规定，任何打算从事以下活动的个人应当取得海域占有或使用许可：新建、修缮、扩建或改建码头、防波堤、桥梁、水闸、建筑物或其他人造建构筑物；连续进行水下挖掘作业；疏浚或挖掘公共水底；注入或引出公共水域；在公共水域挖砂石；倾倒大量砂石；占用或使用公共水域设施；采掘矿物，等等。海洋和渔业部负责向用海者按年征收海域占有或使用金，具体收取标准参照陆地租金计算。

第二节 国外立法实践经验总结

综上主要国家的相关立法实践可以总结出海洋生态补偿立法及实践做法的不同特征，可以为我国推动有关立法进程和制度完善提供一些经验参考。

一、海洋生态补偿立法

在国外，对海洋生态补偿专门立法的国家不多，主要通过配套性政策、计划和制度实施生态补偿，一些沿海国家在海洋管理和生态保护相关的法律法规中设置了海洋生态损害补偿的部分内容。例如，英国《海岸带保护法》规定通过开展海洋工程而受益的人员，必须向当局交纳海岸保护费。日本依据《海岸带法》，向得到许可者征收海域占有费或土石开采费。日本1975年制定的《公害防治事业企业负担法》将消除蓄积性公害的问题加以制度化，规定若污染企业对该区域排放污染物，造成该区域蓄积性公害问题，那么该企业就要负担国家及地方政府实施的河流及港湾等公共水域的污泥疏浚工程、农用土地的掺土工程等公害防治项目的全部或部分费用。韩国依据《海洋生态系统保护和管理法》、《海洋环境管理法》和《公共水域管理和围垦法》等，向特定海域资源开发利用者征收相应的海洋生态系统保护负担金、排污费、海域占有和使用金。

二、海洋生态补偿的模式

国外海洋生态补偿模式主要分为三类：一是政府作为唯一补偿主体模式，主要用于补偿主体缺失时，例如政府开展实施的海域生态保护和修复计划或项目；二是政府主导模式，政府作为主要但不是唯一的补偿主体，如通过建立生态补偿相关的基金，由企业和政府等各利益主体共同分担生态补偿的责任；三是市场化运作模式，适用于市场化体制比较健全的国家，例如国外的生态系统服务付费一般来说是基于以市场为基础的机制，通过环境服务市场推进生态环境保育及合作。目前我国各领域生态补偿的途径主要是以政府为主导的生态保护补偿，即增益性生态补偿，是政府对生态保护贡献者和牺牲者的正外部性成本的补偿；而抑损性生态补偿，即国家要求自然资源的合法开发利用者承担生态环境的负外部性成本的补偿，仍然居于辅助地位，今后既要增加政府公共财政对生态补偿的投入，还应建立健全开发利用活动生态补偿机制，探索生态补偿市场化和社会化路子，形成多方并举的局面。

三、补偿内涵和原则

依据环境影响评价结论所要求采取的减缓措施按照等级（mitigation hierarchy）分为防止（avoidance）、减缓（minimizing impacts）、就地修复（on-site restoration）和异地补偿（off-site compensation for residual impacts）。补偿是针对采取了防止和减缓措施后仍不能消除的剩余影响（residual impact）的补救措施，补偿的目的是抵消这一部分影响，以达到生态“零净损失”的目标。生态价值“零净损失（no net loss）”目标和“损益相当（equivalence）”的补偿原则得到很多国家的认同，前者是指为了防止开发利用活动对自然生态造成破坏或导致生态服务价值减损，开发活动过程中应采取相应措施避免损失或者产生净收益（net gain），如美国湿地补偿制度就是基于“零净损失”政策推行实施的，欧盟生态保护和环境评价制度框架也强调实现此目标；后者是指生态补偿措施产生的生态系统服务收益和损害造成的生态系统服务损失相当，例如美国在一些地方实践中应用生境等价分析（habitat equivalency analysis）方法以及相应的指标评估补偿措施的成本。

四、补偿方式

各国采取的补偿形式主要分为货币补偿和非货币补偿两大类。货币补偿，或称经济补偿，大部分国家认可“开发者付费”和“污染者付费”原则，货币形式的补偿一般体现为开发者通过购买生态系统服务（生态替代费）或缴纳资源使用费中涵盖生态损害补偿的部分（如韩国征收的负担金），而在资源产权制度完善、环境服务市场化程度高的国家还通过市场交易机制实现补偿。还有国家通过设立专项基金（或信托基金）和湿地银行的形式开展生态损害补偿，主要体现在海上溢油损害补偿领域，如美国建立的墨西哥湾区域生态恢复信托基金。非货币补偿形式包括损害前的预防性措施、损害中和损害后的修复工程，以及替代生境建设等。美国国内法还规定，必须首先采用修复形式进行补偿，只有在修复不可能或是修复显著不经济时，才能采用货币补偿形式。因此，采用何种补偿方式应结合实际情况和地区特点灵活确定，或者将补偿经费纳入统一规划中统一实施补偿，或者在政府部门指导和监管下由开发利用者自行实施。鉴于生态补偿的目的是维护生态系统的完整性，而不是为了增加财政收入，有效的保护、修复和整治才能达到这一目的，海洋开发利用活动的生态补偿也宜采取修复补偿为主、货币补偿为辅的对策。

五、补偿程序

大部分国家实践中都将补偿措施作为开发利用活动许可申请的前置性程序中所考虑的重要内容。如，西班牙和澳大利亚等国家在环境影响评价过程中，补偿措施或方案是审批阶段考虑的重要内容；美国湿地补偿是要求在项目申请时必须递交一份替代方案的分析报告，如果不能实施实际可行的减少环境损害的措施，所申请的项目不会被批准。在我国海洋环境影响评价制度中，将制定环境保护、恢复及替代方案、落实环境保护及补偿措施和环境保护投资概算等作为评估及审批的重要内容[①]；在海域使用论证过程中，制定项目用海的生态保护和修复方案也是主要的论证内容。因此，在环评或海域使用论

① 参见 2016 年《中华人民共和国海洋环境保护法》、《防治海洋工程建设项目污染损害海洋环境管理条例》及环境影响评价相关技术规范。

证及其审批阶段，主管部门根据海洋开发利用活动的审批权限加强环境评价管理，可以通过适当的行政程序严格落实相关主体生态保护义务和责任的有关规定与制度，督促义务相对人切实履行生态保护、修复和整治义务，且严格依据《中华人民共和国行政许可法》的有关规定，不减损相关单位和个人的合法权益或增加其义务，不违规增设行政许可条件和行政收费等。

第三节 对我国完善海洋生态补偿立法的启示

一、完善专门的海洋生态补偿立法

欧洲一些国家在某些领域建立了比较完善的生态补偿机制，但是由于没有制订专门的生态补偿法规，海洋生态补偿主体和对象不明确，补偿方式和标准等缺乏有效的法律指导，难以形成系统的生态补偿机制。我国在立法发展过程中，虽然明确要建立海洋生态保护补偿制度，但是法律依据不足，因此应尽快推动专门规范海洋生态补偿的法制建设，完善补偿主体、补偿方式、补偿标准、资金来源、监测评估等方面的法规，为实施海洋生态补偿提供坚实的法制保障。

二、丰富多元化的海洋生态补偿手段

国际上生态补偿的方式和手段比较灵活多样，包括政府主导的补偿模式和市场化运作的补偿机制，货币形式的补偿或非货币形式的补偿。我国在海洋生态补偿实践中仍然是以政府补偿为主，没有发挥市场的作用；补偿方式上仍然以经济补偿为主，典型形式是中央和地方的财政转移支付，然而政府投入的资金并不能满足海洋生态补偿的需要，而其他形式的补偿尚处于弱势，没有完全发挥应有的作用。应借鉴国际上的有益经验，建立多种生态补偿方式和措施相结合的补偿机制，综合采取经济补偿、智力补偿、政策补偿和实物补偿等方式，积极运用市场机制，引导社会资本投入环保市场，完善自然资源产权制度、资源有偿使用和海洋生态环境排污权交易制度等，建立海洋生态系统服务的市场交易体系。

三、建立海洋生态补偿专项资金

我国应拓展完善海洋生态补偿资金的筹措渠道，建立海洋生态补偿专项资金，资金来源可包括政府财政拨款、从资源环境使用费中提取的一定比例资金，还可以直接吸纳海洋开发利用活动交纳的海洋生态补偿资金等。另外，应积极吸纳社会团体、公益组织等单位的环保基金、捐赠等投入，形成可持续发展的海洋生态补偿资金支持机制。

第四章　中国海洋生态补偿法律体系的现状及问题

第一节　现行国家法律规定

一、宪法

1.“生态环境保护”入宪法

1978 年我国首次在根本大法《中华人民共和国宪法》（简称《宪法》）中写入环境保护的内容，第十一条规定“国家保护环境和自然资源，防止污染和其他公害”。自此我国的环保立法有了宪法依据，但是这个时期，宪法的规定仅限于“防止污染和其他公害”，由于当时对生态环境的重视程度不够，并没有将“生态环境保护”列入宪法的规定。在 2004 年修正后的《宪法》中第二十六条规定“国家保护和改善生活环境和生态环境，防治污染和其他公害，国家组织和鼓励植树造林，保护林木”。至此，“生态环境”保护正式纳入宪法条文中，成为宪法的明确规定，这也与当时生态环境破坏严重导致的生态环境状况恶化有关，尤其是与北方部分地区沙漠化严重、沙尘暴天气增多等有关，此后生态环境保护逐渐受到重视，这也是生态补偿制度建设提出和得到重视的大环境、大背景之一。

2. 自然资源权属的确定

我国《宪法》第九条规定：“矿藏、水流、森林、山岭、草原、荒地、滩涂等自然资源，都属于国家所有，即全民所有；由法律规定属于集体所有的森林和山岭、草原、荒地、滩涂除外。”宪法的这一条规定确定除了属于集体所有的自然资源，矿藏、水流、森林、山岭、草原、荒地、滩涂等自然资源属于国家所有，从根本法的层面对自然资源的权属进行保障，这也就决定了国家是自然资源的所有人。根据《中华人民共和国物权法》（简称《物权法》）的规定，国家依法对自然资源具有占有、使用、收益、处分四种权能，国家通过让渡自然资源的使用权，使其他主体得以享有对自然资源行使使用权。自然资源的国家所有权赋予国家具有对自然资源开发进行管理和保护的义务。在本条规定中虽然并没有明确“海洋”“海域”属于国家所有，但是海洋作为自然资源，应当属于“等自然资源”的范围，其所有权属于国家所有。一切开发利用海洋自然资源的行为都应当加强对生态环境的保护。

二、物权法

《物权法》在《宪法》的基础上对物权作出了更为详细的规定，进一步明确了自然资源的物权属性。

《物权法》第四十五条规定：“法律规定属于国家所有的财产，属于国家所有，即全民所有。国有财产由国务院代表国家行使所有权；法律另有规定的，依照其规定。”此规定赋予了国务院的国家所有权代表的地位，国务院代表国家行使所有权的规定也必然要求国务院对自然资源进行有效管理，防止国有资产的流失。实施生态补偿既是国务院行使所有权的表现，也是行使国家对自然资源管理职能的要求。

《物权法》第四十六条规定：“矿藏、水流、海域属于国家所有。”第四十八条规定：“森林、山岭、草原、荒地、滩涂等自然资源，属于国家所有，但法律规定属于集体所有的除外。”可以看出，《物权法》第四十六条和第四十八条的规定是对《宪法》第九条的进一步明确、细化，特别是《物权法》第四十六条的规定弥补了宪法没有明确的“海域”国家所有权的属性，是对宪法的补充。

三、环境保护法

《中华人民共和国环境保护法》（简称《环境保护法》）（2014 年修订）第五条规定“环境保护坚持保护优先、预防为主、综合治理、公众参与、损害担责的原则”。该项规定明确了环境保护的原则，其中，保护优先、损害担责的原则也成为海洋生态损害补偿的原则。

《环境保护法》第六条进一步明确了“企业事业单位和其他生产经营者应当防止、减少环境污染和生态破坏，对所造成的损害依法承担责任”。第三十条规定，“开发利用自然资源，应当合理开发，保护生物多样性，保障生态安全，依法制定有关生态保护和恢复治理方案并予以实施”。上述两条法律规定是要求海洋开发利用者对海洋生态损害进行生态损害赔偿和生态损害补偿，是履行生态环境保护和恢复责任的重要法律依据。

《环境保护法》第三十一条规定：“国家建立、健全生态保护补偿制度。国家加大对生态保护地区的财政转移支付力度。有关地方人民政府应当落实生态保护补偿资金，确保其用于生态保护补偿。国家指导受益地区和生态保护地区人民政府通过协商或者按照市场规则进行生态保护补偿。”本条规定是2014年对《环境保护法》修订的重要成果，属修订过程中新增的内容，这条规定成为生态保护补偿的重要法律依据。本条第一款是一般性、原则性的规定，提出了生态保护补偿制度建设的要求以及各级人民政府在生态保护补偿中的职责，第二款规定主要是针对区域生态保护补偿的，明确区域生态保护补偿的途径是“协商或者市场规则”，国家在区域生态保护补偿工作中的职责是“指导”。

四、海洋环境保护法

为了与《环境保护法》第三十一条的内容相衔接，2016年新修改的《中华人民共和国海洋环境保护法》（简称《海洋环境保护法》）第二十四条明确将海洋生态保护补偿制度确认为海洋环境保护的基本制度之一，规定“国家建立健全海洋生态保护补偿制度。开发利用海洋资源，应当根据海洋功能区划合理布局，严格遵守生态保护红线，不得造成海洋生态环境破坏”。

环境保护法作为环境保护一般法，海洋环境保护法作为专门法，第二十四条第一款的规定有效衔接了一般法与专门法的规定，将一般法的内容应用到专门法中。《海洋环境保护法》第二十四条第一款的规定为海洋生态保护补偿提供了明确的法律依据；第二款针对海洋开发利用活动提出了生态保护要求，也为海洋开发利用活动的生态损害补偿提供了一定的法律依据。

五、渔业法

1986年制订并几经修改后的《中华人民共和国渔业法》（简称《渔业法》）第五条规

定“在增殖和保护渔业资源、发展渔业生产、进行渔业科学技术研究等方面成绩显著的单位和个人，由各级人民政府给予精神的或者物质的奖励”，并在第四章中专门规定了渔业资源的增殖和保护，规定“县级以上人民政府渔业行政主管部门采取措施，增殖渔业资源。县级以上人民政府渔业行政主管部门可以向受益的单位和个人征收渔业资源增殖保护费，专门用于增殖和保护渔业资源”。由上述条文可以看出，《渔业法》对海洋渔业资源进行生态补偿，一方面要求从海洋获得渔业资源的受益者向渔业主管部门缴纳一定的渔业资源保护费，由渔业主管部门统一规划采取措施增殖放流，用于补偿海洋生物资源；另一方面对在增殖和保护渔业资源方面做出贡献者进行物质和精神补偿。通过《渔业法》的规定，可以看出既有海洋生态保护补偿的内容也有海洋生态损害补偿的内容，渔业资源的生态补偿是当前海洋生态补偿的重要内容，目前地方的海洋生态补偿实践基本上以渔业资源的生态补偿为核心内容。

六、海岛保护法

《中华人民共和国海岛保护法》（简称《海岛保护法》）第三条规定，“国务院和沿海地方各级人民政府应当将海岛保护和合理开发利用纳入国民经济和社会发展规划，采取有效措施，加强对海岛的保护和管理，防止海岛及其周边海域生态系统遭受破坏”。第二十一条规定，“国家安排海岛保护专项资金，用于海岛的保护、生态修复和科学研究活动”。保护海岛及其周边的生态系统是《海岛保护法》的根本立法目的，同时也体现了国家对海岛保护和管理应发挥的主导作用。针对具体的开发建设活动，第二十五条规定，“在有居民海岛进行工程建设，应当坚持先规划后建设、生态保护设施优先建设或者与工程项目同步建设的原则。进行工程建设造成生态破坏的，应当负责修复；无力修复的，由县级以上人民政府责令停止建设，并可以指定有关部门组织修复，修复费用由造成生态破坏的单位、个人承担”。虽然本规定并未直接涉及生态补偿，但是通过修复或承担修复费用的方式履行生态保护和恢复义务及责任的规定为海岛海域工程建设生态损害补偿的落实提供了思路。

七、海洋特别保护区管理办法

《海洋特别保护区管理办法》第二十四条规定，“经依法批准在海洋特别保护区内实施开发利用活动者应当制订并落实生态恢复方案或生态补偿措施，区内外排污及围填海等活动造成海洋特别保护区生态环境受损的应当支付生态补偿金”。这是有关生态补偿金为数不多的直接法律规定，明确了交纳生态补偿金可以作为重要生态功能区内海洋开发利用活动生态损失/损害补偿的重要可选途径。

八、涉及海洋环境影响评价的相关规定

《防治海洋工程建设项目污染损害海洋环境管理条例》第八条规定，“国家实行海洋工程环境影响评价制度。海洋工程的环境影响评价，应当以工程对海洋环境和海洋资源的影响为重点进行综合分析、预测和评估，并提出相应的生态保护措施，预防、控制或者减轻工程对海洋环境和海洋资源造成的影响和破坏”。第十七条规定，“海洋工程的初步设计，应当按照环境保护设计规范和经核准的环境影响报告书的要求，编制环境保护篇章，落实环境保护措施和环境保护投资概算”。相关规定中对生态环境影响的预评估，以及将环保措施等成本纳入工程建设投资概算中的做法及要求，体现了生态环境外部性内部化的实质内容。

《海洋工程环境影响评价管理规定》（2017 年修订）第九条规定，报告书应包含“工程生态用海方案（包括岸线利用、用海布局、生态修复与补偿、跟踪监测及监测能力建设等方案）的环境可行性分析”。第十三条规定，若存在“拟采取的海洋生态保护、修复或补偿对策措施不能有效预防和控制海洋生态环境损害破坏的”情形时，“海洋行政主管部门应当作出不予批准的决定”。该规定中将生态修复或其他补偿对策措施的方案作为预防和控制海洋生态损害的重要手段和环评审批的决定性指标，为海洋生态损害补偿制度的统一立法提供了依据和实施参考。

第二节　地方立法概况及海洋生态补偿实践活动

除了国家层面海洋生态保护补偿相关的法律法规，地方层面也开展了立法尝试，出台了相关的法律文件，并推动实践活动的有序开展，对促进海洋生态补偿法律制度的建设和发展起到了积极的推动作用。

一、山东省

渤海生态环境恶化日趋严重，对山东省海洋经济的发展造成不利影响。为了保护海洋

生态环境、促进海洋经济可持续发展，山东省率先开展了海洋生态补偿的法制化实践。2010年6月山东省省财政厅、省海洋与渔业厅联合制定印发了《山东省海洋生态损害赔偿费和损失补偿费管理暂行办法》（简称《办法》），共7章26条，主要内容包括海洋生态损害赔偿和损失补偿的界定，海洋生态损害赔偿和损失补偿的权利义务主体和适用范围，赔偿费和补偿费的征收、使用管理和用途，损失补偿费的各级分成和减免，对赔偿费和补偿费征缴和使用的监督检查，是我国首个海洋生态补偿赔偿办法。与此同时，制定了《山东省海洋生态损害赔偿、损失补偿评估方法》（DB37/T 1448—2009）（简称《方法》）作为配套技术标准。根据《办法》以及《方法》的规定，如用海行为造成50公顷用海生态损害，应当缴纳1 000万元海洋生态损失补偿费；如果用海行为造成1 000公顷用海生态损害，则应当缴纳2亿元损失补偿费。根据以上立法文件，山东省率先开展了海洋生态补偿试点工作，并于2011—2013年累计征收海洋工程生态补偿费2.39亿元，专项用于海洋与渔业生态环境修复、保护、整治和管理。

2016年1月，山东省对上述立法内容进行修订后，省财政厅、省海洋与渔业厅联合印发了《山东省海洋生态补偿管理办法》，将海洋生态补偿分为海洋生态保护补偿和海洋生态损失补偿两部分。在海洋自然保护区、海洋特别保护区、海洋生态红线区等重要生态功能区域范围内开展海洋生态保护补偿工作，资金主要来源于财政投入和用海建设项目海洋生态损失补偿资金，对海洋生态保护补偿实行项目管理，并纳入各级财政预算管理。对用海项目实施海洋生态损失补偿，要求在编制建设项目环境影响评价报告时进行专章论述。同时山东省出台了《用海建设项目海洋生态损失补偿评估技术导则》（DB37/T 1448—2015），2010年出台的办法文件和标准同时废止，根据该标准计算补偿资金，同时对海洋生态损失补偿资金的免缴范围和资金用途作出了规定。

威海市于2007年开始探索海洋生态补偿问题。当地涉海工程建设项目的开发利用企业作为补偿主体，威海市海洋主管部门代表国家接受补偿。威海市海洋生态损失补偿的操作流程是：用海单位申请用海、现场勘查、上报、聘请有资质单位编制“海洋环境影响评价报告”（含有海洋生态补偿的内容）、评审“海洋环境影响评价报告”；下发海洋生态损失补偿费的缴纳通知；缴纳海洋生态损失补偿费；批复。截至2011年8月，威海市针对3个新审批的围填海工程征收了大约600万元的生态补偿费。威海市征收的海洋生态损失补偿费的用途有：①增殖放流鱼类等海洋生物资源，据统计，2010年威海市共计投入1.06亿元，完成约10亿单位的鱼类资源增殖放流任务；②进行海洋生态修复，包括湿地修复、海洋牧场建设、海岸环境整治、退堤还海、海岛保护等生态建设工程；③海洋自然保护区建设。在资金的分配比例上，目前的海洋生态补偿费按照省、市、县分别为50%、15%、35%的比例返还。至于补偿资金的监管，海洋生态损失补偿费属于政府非税收收入，纳入财政预算，实行“收支两条线”管理。资金的支付依据财政国库的相关管理规定来进行。

二、福建省

福建省2017年发布了《福建省重点流域生态保护补偿办法》（修订），加大流域生态保护补偿力度。目前正在研究制订《福建省海洋生态补偿管理办法》，研究建立海洋自然保护区和海洋特别保护区生态保护补偿制度。近年来，在海洋生态补偿的实践中，福建省一方面加强海洋保护区建设，全省建立了40多个各级各类海洋保护区和7个国家级海洋公园；另一方面对因开发利用导致的海洋生态损害进行修复工作。2009年以来，全省共投入逾6 000万元用于渔业资源增殖放流，在莆田市南日岛、漳州诏安城洲岛等六处投入3 700多万元开展以人工鱼礁工程建设为主要内容的海洋牧场示范区项目建设。2014年，石狮市万弘海产有限公司在石狮市海洋与渔业主管部门的组织和指导下，在石狮市永宁镇黄金海岸海域开展海洋生态补偿鲈鱼放流活动，共放流鲈鱼苗90 000余尾，苗种费约7.5万元。此外在厦门市、泉州市等沿岸地区大量种植红树林，对于恢复海岸生态环境起到了极其重要的作用。福建省、广东省要求项目开发主体在红树林种植、珊瑚礁异地迁植、中华白海豚保护等方面履行义务，对工程建设造成的生态损害进行补偿。

此外，2010年开始施行的《厦门市海洋环境保护若干规定》第十八条明确规定，“市海洋行政主管部门对涉海工程建设项目的环境影响报告进行审核或者核准时，应当组织对海洋环境和生态影响程度进行评估论证，根据评估论证结果提出相应的海洋生态补偿意见，并监督实施。市海洋行政主管部门组织制定海洋生态补偿的实施细则”。2018年4月，厦门市政府发布了《厦门市海洋生态补偿管理办法》（简称《办法》）（有效期3年）。《办法》明确规定了生态损害补偿和保护补偿两种类型海洋生态补偿的实施方式、程序和管理要求，规定凡在厦门市管辖海域内依法取得海域使用权，从事海洋开发利用活动导致海洋生态损害的单位和个人，应采用实施生态修复工程或者缴交海洋生态补偿金的方式，对造成的海洋生态损害进行补偿。该办法规定，海洋生态损害补偿实行“谁使用、谁补偿”原则。海洋生态保护补偿是指，市、区政府在履行海洋生态保护责任过程中，结合经济社会发展实际需要，对海洋生态系统、海洋生物资源等进行保护或修复的补偿性投入。海洋生态保护补偿实行“政府主导、社会参与”原则。厦门公铁大桥生态补偿是厦门市实施海洋生态补偿的典型案例，意义重大。厦门公铁大桥是2005年9月动工建设的福厦铁路厦门段的一项重要的控制性工程，全长大约为4 900米的工程跨海桥段，正好处在中华白海豚国家级自然保护区的范围之内。工程建设过程中，可能会对中华白海豚等生物的正常活动、海域水动力环境及冲淤环境、海洋生态环境等产生重要影响，采取相应的生态补偿措施势在必行。由于当时的《厦门市海洋环境保护若干规定》尚未出台，为此，主要以《自然保护区条例》、《水生野生动物保护实施条例》等相关法规为依据。补偿方式主要为资金补偿，由工程建设方——厦门路桥建设投资总公司向厦门市政府缴纳了600万元的海洋生态补偿基金。该补偿数额是由具有自觉性与主动性的企业与政府两方协商确定的，而并非基于生态资源与环境损失的评估与计算。作为厦门市用海项目的第一笔生态补偿基金，其全部用于厦门珍稀海洋物种尤其是中华白海豚的保护工程之中，以政府招投标的形式落实了相关的工程措施。

三、江苏省

2013年12月，江苏省政府办公厅印发了《江苏省生态补偿转移支付暂行办法》。在海洋生态补偿方面，制定了《江苏省海洋生态补偿标准（草案）》、《江苏省海洋生物资源损害赔偿和损失补偿评估办法》（试行）、《滨海湿地生态系统保护与修复方案》等，强化海洋生态补偿的制度保障建设。江苏省海洋部门通过与涉海项目签订海洋工程生态补偿协议（或海洋工程生态修复项目协议）落实海洋工程生态补偿资金，在监管方面，江苏省海洋与渔业局对不符合海洋功能区划、专家不通过的、群众不答应的、生态补偿没到位的建设项目，一律不予核准；并积极探索构建海陆间断面交接责任制和污染补偿赔偿机制。

2014年5月28日苏州市通过了《苏州市生态补偿条例》，并于2014年10月1日起实施。该地方法规中，对生态补偿的方式、原则、补偿机制、主管机关、补偿范围、补偿对象、补偿标准、生态补偿资金使用、管理监督、法律责任等方面作出了具体规定。该法规是目前苏州市针对生态补偿所颁布的效力级别较高的专门立法，其补偿范围中的“湿地”包括了海岸滩涂部分。在《苏州市生态补偿条例》出台之前，苏州市针对生态补偿立法做了大量前期准备工作，于2010—2014年先后颁布了《关于进一步加强苏州生态文明建设的决定》、《关于建立生态补偿机制的意见（试行）》、《苏州市生态补偿专项资金管理暂行办法》等一系列规范性文件。

2010年以来，连云港市积极开展海洋生态补偿制度探索和尝试，先后落实了江苏核电、连云新城、连云港港30万吨级航道一期工程、赣榆港前期工程、徐圩港区前期工程、赣榆港区15万吨级航道等项目的海洋生态补偿，签约生态补偿金额近4亿元，用于增殖放流、人工藻场建设等，寻求用海项目“建”与“补”的平衡。连云港大力推进海州湾海洋牧场建设，于2013年投入资金1 000万元，建设人工鱼礁5 570个，海域面积达22.5平方千米。但由于目前国家、省尚未针对海洋生态补偿出台专门的规范性文件或实施细则，企业自主实施海洋生态补偿的意愿不强，个别项目推进缓慢。2017年连云港印发了《关于加强海洋生物资源损失补偿管理工作的意见》，明确市管辖海域内，对因开发利用海洋资源造成海洋生物资源损失的海洋工程（包括海岸工程），均须承担补偿责任；对拒不履行海洋生物资源损失补偿责任，补偿资金筹集不及时、不到位，补偿项目推进缓慢、资金使用不规范、管理混乱的用海单位，相关部门可不予环保设施验收和围填海项目竣工海域使用验收；对问题突出或造成不良影响的用海单位，将其列入诚信黑名单，实行项目限批。

四、浙江省

浙江省在海洋生态补偿的实践方面采取行动较早，主要表现在：

第一，制定出台生态补偿相关政策文件。杭州市和台州市人民政府分别于2005年和2008年出台了《关于建立健全生态补偿机制的若干意见》，对补偿原则、补偿途径、补偿措施、补偿标准、补偿模式、财政制度等作出了规定。2013年12月18日，浙江省海洋与渔业局发布了《浙江省海洋生态损害赔偿和损失补偿管理暂行办法》（草案）的征求意见稿，目前尚未正式实施。

第二，积极构建海洋生态补偿新机制。浙江省规划2003—2020年在浙江省沿海岛礁附近建设15~18座人工鱼礁。浙江省海洋与渔业局从2011年开始着手在瓯江南口海域筹建海洋生态公园，目前，该地区已种植秋茄、桐花树及其他一些红树植物实验品种，种植面积300多亩，极大改善了龙湾海洋生态环境，缓解了海洋开发活动给海洋生态造成的破坏，一定程度上修复了受损海洋生态系统。此外，2007年舟山市根据上级有关法律法规着手实施海洋生态补偿新机制，即由相关涉海企业出资，在有关部门的监管下，对特定海域进行渔业资源增殖放流，增殖放流是舟山市实施海洋生态补偿的主要方式。

第三，广泛推动海洋开发利用活动的生态补偿工作。例如，2007年针对污染严重、影响大的围填海和海上爆破等工程进行海洋生态补偿试点；2008年在全市范围内要求所有涉海工程实施海洋生态补偿。据统计，2008年至2013年7月底，全市共签订涉海工程海洋生态补偿合同183份，合同金额8 620万元，截至2018年10月已到位2 144万元，到位率约1/4，实际已用于海洋生态修复。2011年6月10日，浙江省洞头县首例填海项目的海洋生态补偿成功实施。温州海华欣润玻璃有限公司于2010年8月通过公开出让方式取得洞头县大门镇乌仙头嘴东侧一宗建设用海，根据项目海洋环境影响报告对海洋生态资源经济损失的估算，通过渔业增殖放流的形式对海洋生态进行补偿。2014年4月29日，根据“谁开发、谁保护，谁破坏、谁恢复”的原则，温州市龙湾区海洋与渔业局协助甬台温高速公路复线温州乐清至瑞安段跨海桥梁（机场段）工程的建设单位采取人工种植红树林的生态修复措施，在龙湾树排沙海洋公园进行海洋生态补偿，该修复措施严格按照《温州市海洋工程生态补偿验收流程》开展，共栽种秋茄胚轴83 069株，补偿金额为33.16万元，成为浙江省海洋生态补偿的又一成功案例。

五、广东省

2001年，广东省率先以人大决议的形式投资8亿元建设沿海人工鱼礁100座。2012年4月，广东省人民政府办公厅印发了《广东省生态保护补偿办法》（有效期一定三年）。

2007年广东珠江口铜鼓航道建设单位向珠江口中华白海豚国家级自然保护区提供生态补偿1 800万元，用于保护区救护中心建设和增殖放流；2014年1月，根据国家海洋局网站公示的环境影响评价报告，港珠澳大桥工程建设对保护区的生态补偿金额为1.88亿元。除此，广东大亚湾开发区安排资金扶持失海社区发展，对失海渔民进行创业扶持和生活补贴。

目前，深圳市的海洋生态补偿工作主要以用海企业自主进行、海洋渔业部门负责指导与监督和通过政府立项的公益性海洋生态补偿措施两种形式为主。2008年至今，共有盐田港集团等三十多家用海企业开展落实了生态修复措施，主要进行人工增殖放流活动，总体来看，企业投入的资金与政府投入的资金持平。深圳市做得比较好的试点案例主要是盐田港的生态补偿。深圳市的海洋生态补偿法律框架仍未建立，主要依靠深圳市海洋局的指导与监督，具体由盐田国际集装箱码头有限公司、盐田港股份有限公司在大鹏湾和大亚湾附近海域组织进行鱼苗、虾苗等的增殖放流等工程性补偿措施。在公益性补偿措施方面，主要由政府拨款进行人工鱼礁建设，在合适的滩涂与海域尝试开展人工红树林的栽种，以便更好地对海洋生态系统加以保护。

此外，深圳市政府还积极探索和推进其他形式和方面的海洋生态补偿工作。例如，深圳市政府主动组织审议、调整滨海大道红树林段的施工方案，使其对福田红树林鸟类自然保护区的影响降到最小，不但使红树林和鸟类的生存环境得以保护，而且让深圳湾周围海域与湿地生态系统功能得到了很大提高。此外，深圳市政府以公益立项的方式，将深圳湾填海遗留下来的环境恶劣的北湖委托给华侨城集团加以管理，并更名为华侨城湿地。2004—2009年对华侨城湿地采取了一系列保护性治理与修复措施，重现了湿地公园的生机与活力，鸟类多样性也随之稳步提高。据有关环保领域权威组织检测评定，华侨城湿地公园在自然保护与科普教育方面均发挥着重大作用。

六、海南省

2017年底，海南省政府印发了《关于健全生态保护补偿机制的实施意见》（琼府[2017]101号），明确通过系列举措解决生态补偿工作中补给谁、谁来补、补多少、如何补等普遍存在的问题；指出政府要在生态补偿工作中起主导作用，遵循“谁开发、谁保护，谁受益、谁补偿”原则，理顺生态补偿的纵向与横向以及利益相关方的责任、权利、义务，促进生态保护社会成本内部化；要求“研究制定海洋生态补偿管理办法，对因开发利用海洋资源造成的海洋生态系统服务价值和生物资源价值损失的，探索采取工程性补偿或缴纳生态补偿金的方式实施海洋生态补偿。探索建立国家公园、国家级海洋自然保护区、海洋特别保护区生态保护补偿制度”；明确要求优化整合资金，建立多元化生态补偿机制。海南省逐年加大省级财政生态保护补偿资金投入力度，自2018年起，每年按年初地方一般公共预算收入预期增量的15%增加生态补偿资金规模，逐步建立资金长效增长机制，并将在2020年前出台《海南省生态补偿条例》，健全生态补偿机制的顶层设计。

2017年1月，海南省三亚市制订了《三亚市潜水活动珊瑚礁生态损失补偿办法》，提出所有在三亚市管辖海域内开展的潜水经营活动，都应遵循用海者补偿的原则，缴存珊瑚礁生态损失补偿保证金。保证金的数额，按照核定的珊瑚礁生态损失补偿资金数额确定，包括珊瑚礁生态修复费用、恢复期珊瑚及其他生物资源损失费用、恢复期珊瑚礁盘损失费用、恢复期海洋生态服务功能损失费用，以及为确定珊瑚礁生态损失的性质、范围、程度而支出的调查、评价、专业咨询及其他合理费用。而用海者，需将保证金缴存至由市海洋与渔业局、监管银行和用海者三方共管的监管银行账户，与此同时，还应签订三方监管协议，以便约定各自的权利和义务。保证金的缴存和使用，也将接受审计部门的监督。

七、河北省

河北省于2010年制定了《河北省生态补偿金管理办法》（冀财建［2010］149号）（简称《办法》），针对河流上下游之间生态补偿金的收缴和管理作了明确规定。2014年10月29日，河北省财政厅、环境保护厅印发了《河北省生态补偿金管理办法》（冀财建［2014］313号），有效期5年，2010年的《办法》予以废止。2016年发布了《关于健全生态保护补偿机制的实施意见》（冀政办发［2016］25号），明确提出“按照谁损害、谁赔偿的原则，完善涉海工程生态保护补偿和渔业资源损害赔偿制度，制定海洋生态及渔业资源修复补偿政策，改善海洋生态环境”。

八、广西壮族自治区

广西壮族自治区于2017年4月发布了《广西壮族自治区人民政府办公厅关于健全生态保护补偿机制的实施意见》（桂政办发〔2017〕57号）（简称《实施意见》），《实施意见》按照“谁受益、谁补偿”的原则，科学界定保护者与受益者的权利和义务，提出推进生态保护补偿标准体系和沟通协调平台建设，加快形成受益者付费、保护者得到合理补偿的运行机制。实施方面要求将试点先行与逐步推广、分类补偿与综合补偿有机结合，促进广西壮族自治区生态保护补修机制的建设与有效实施。

九、上海市

上海市人民政府于2009年出台了《关于上海市建立健全生态补偿机制若干意见》和《生态补偿转移支付办法》，对补偿原则、补偿途径、补偿措施、补偿标准、补偿模式、财政制度等作出了规定，提出建立市对区县生态补偿的财政转移支付制度。

第三节　已有立法实践的经验及存在的问题

一、立法实践的经验总结

我国现有的海洋环境保护法律法规渐趋完善，沿海各省市在海洋生态补偿的政策、法规和制度建设方面取得了一定的实践经验，这些积累都为我国海洋生态补偿法律制度的进一步发展完善奠定了基础。

（1）我国海洋法律体系建设的发展为海洋生态补偿奠定了法律基础和制度性保障。我国在海洋资源开发利用、海洋权益维护、海洋经济发展的合理规划、海洋工程作业的依法规范、海洋环境严格保护等各方面均有了相关的法律规范和依据，这些基本的用海与管海的法律法规与制度为海洋生态补偿法律制度的建设提供了必要的法律基础。我国《海域使用管理法》明确规定了我国海域属于国家所有，即奠定了国家作为我国海域所有者的合理管理义务与合法的所有权主体地位，海域国家所有权是建构海洋生态补偿法律机制的重要基础。海域使用权制度确立了在海洋资源利用中生态补偿的实际法律关系主体、基本制度、制度保障等内容。海域使用权中配备了相关的保障海洋生态环境的基本制度，如海域使用权论证、海洋功能区划、用海预审等制度为其生态环境分析提供了生态利用、生态破坏、生态修复等费用的前置性制度基础，同时大多数海域使用权主体的特征也决定了海域使用权中引入海洋生态补偿的合理性[20]。另外，相对系统化的海洋资源环境保护法律制度为海洋生态补偿制度建设提供了合法的法律制约机制。《海洋环境保护法》第三章专门规定了海洋生态保护的内容，为确定海洋生态补偿责任、补偿范围等提供了法律依据；对由陆地、船舶、海洋开发与建设活动等带来的海洋污染与生态破坏均作出了专门规定，给海洋生态损害中的管理、取证、补偿可能等提供了一定的法律支撑。

（2）地方立法在海洋生态补偿实施的程序上，充分与现有海洋环境管理制度相衔接。2017年新修订的《海洋工程环境影响评价管理规定》要求在环境影响报告中包含生态修复补偿措施的内容，而部分沿海地区海洋生态补偿立法中规定各级海洋主管部门根据项目用海环境影响评价文件的核准权限负责海洋生态补偿资金的征缴工作，此种方式可以减小生态补偿费的征收难度，有利于海洋生态补偿工作的顺利开展。

（3）地方海洋生态补偿立法实践在拓展资金来源途径方面积极创新。我国海洋生态补偿资金以往主要依靠政府的财政转移支付，来源单一。近年来沿海省市尝试拓展海洋生态补偿的资金来源，如山东省通过立法向海洋开发利用主体征收生态补偿费，浙江省和江苏省也探索通过签订涉海工程海洋生态补偿合同的方式取得海洋生态修复资金。

（4）地方层面海洋生态补偿相关标准和规范不断完善。海洋生态补偿相关标准和规范是生态补偿工作开展的重要技术支撑，我国海洋生态补偿的国家标准尚未确立，地方层面已有《山东省海洋生态损害赔偿和损失补偿评估方法》和《山东省用海建设项目海洋生态损失补偿评估技术导则》，以及《江苏省海洋生物资源损害赔偿和损失补偿评估办法》（试行）等地方标准，为国家标准和其他地方标准和规范的制订提供了借鉴。

二、存在问题分析

我国海洋生态补偿立法和实践在取得一些进展和经验的同时，也面临着一些困境和问题，具体包括如下四个方面。

（一）海洋生态补偿的法律体系不健全

我国尚未制定生态补偿的专门性法律，部分环境保护立法根本没有涉及生态补偿的相关规定，有的法律法规虽然涉及生态补偿，却规定得过于原则和简单，可操作性不强。特别是现有的生态补偿制度大部分都是围绕陆地资源展开的，专门针对海洋的生态补偿规定极少。目前的海洋生态补偿立法主要以地方立法探索为主，但各沿海省市制定的法规、规章及其他规范性文件的位阶较低，适用范围窄，缺乏高层级的上位法依据和基本政策的统一指导，实践中面临合法性的质疑。

（二）海洋生态补偿相关法律的结构不平衡

我国《宪法》中没有与海洋生态补偿相关的规定，《环境保护法》的规定偏重于污染防治方面，对开发利用自然资源主体应承担的生态保护义务的规定不足，缺乏生态保护补偿下位法的具体规定。虽然2016年新修改的《海洋环境保护法》将海洋生态保护补偿制度列为一项基本制度，与《环境保护法》相衔接，但是同样缺乏具体实施和管理办法，很难指导地方实践，因此许多地方政府并未制定相关的补偿办法，地方政府对补偿主体、补偿对象、补偿标准等缺乏相应的执行依据。另外，海洋生态补偿立法的配套保障制度不健全。尚未出台专门的海洋生态价值评估技术标准或指南、海洋生态补偿费征收和管理规范及重点海域生态补偿专项资金等制度。

（三）海洋生态补偿的法律内容不完善

我国现有海洋生态补偿相关法律规范的具体规定不明确，对于海洋生态补偿的补偿原则、补偿与受偿主体、补偿标准、补偿范围、补偿程序、资金来源、违法责任等都没有明确界定，导致补偿的随意性较强，各地方立法存在不一致，法律执行效果欠佳。同时，在当前的海洋生态补偿立法中，政府的财政转移支付、财政补贴等行政手段往往是首选的补偿手段，这直接导致生态补偿大多由政府单方推行，利益相关者的参与度不够，市场化程度低，资金来源单一，海洋生态补偿制度推行的难度大。

（四）海洋生态损害的法律救济手段与机制不完备

现有海洋环境保护法律所规定的海洋环境污染、环境侵权、环境行政处罚等难以支持海洋生态补偿实践中实现真正的“损益相抵”或满足海洋生态保护的要求，对破坏自然资源行为所造成损失的补救措施单一，处罚太轻。民事赔偿责任无法补救海洋生态损害，惩罚性行政法律责任的威慑性不足以预防海洋生态损害的发生，《海洋环境保护法》规定的刑事法律责任不能够充分保护海洋生态环境。这些挑战都是未来海洋生态补偿法律制度建设亟待应对和解决的重点问题。

第四节　其他领域生态补偿立法实践和借鉴

根据2016年5月发布的《国务院办公厅关于健全生态保护补偿机制的意见》，我国在森林、草原、湿地、荒漠、海洋、水流、耕地等重点领域生态保护补偿方面都取得了一定成效，下面简要介绍主要领域生态补偿政策演变与立法实践上的进展，以期为海洋领域生态补偿政策和立法的顺利发展提供“他山之石”。

一、森林生态补偿

国外的森林生态补偿已具备了较强的理论基础，形成了较为完备的生态补偿制度与政策框架，并在实践中取得了较好的成绩。森林生态补偿的途径主要有以下两种：一是政府公共财政转移支付，如私有林财政拨款、减免税收，采取优惠的金融政策，降低贷款利率、延长贷款期限、提高贷款金额，建立国家林业基金等；二是市场化的补偿，如向受益者收费、生态认证、碳汇交易等。从发展趋势来看，国外侧重于市场化的补偿模式，往往采取环境服务付费的方式实施生态补偿，在森林生态服务系统功能价值评估的基础上，通过市场交易，调整相关利益者在森林建设、保护、经营方面的经济利益关系[34]。我国在国家层面建立了中央森林生态效益补偿基金和省级财政森林生态效益补偿基金，用于支持国家级公益林和地方公益林保护。

我国森林生态补偿制度的相关内容主要依据《中华人民共和国森林法》（简称《森林法》）、《中华人民共和国森林法实施条例》（简称《森林法实施条例》）等法律，森林生态补偿制度的建立具有一定的法律基础。我国自 2001 年起在 11 个省（区）的 685 个县实施非天然林保护工程试点，开展森林生态效益补偿基金制度，并于 2004 年正式建立了中央森林生态效益补偿基金，森林生态效益补偿基金制度的建立是我国森林生态补偿制度发展历程中的关键节点。

2002 年，财政部和国家林业局根据《森林法》和《森林法实施条例》（国务院令第 278 号）联合发布了《森林植被恢复费征收使用管理暂行办法》（财综［2002］73 号），开始征收森林植被恢复费。凡勘查、开采矿藏和修建道路、水利、电力、通信等各项建设工程需要占用、征用或者临时占用林地的，用地单位应当按照规定向县级以上林业主管部门预缴森林植被恢复费。森林植被恢复费属于政府性基金，实行专款专用，年终结余结转下年安排使用。国务院林业主管部门及其委托单位收取的森林植被恢复费，全额缴入中央国库；省、自治区、直辖市以下各级林业主管部门收取的森林植被恢复费，全额缴入同级地方国库。

二、湿地生态补偿

2000 年，国家林业局、国家环保总局、国家海洋局、水利局以及农业部等 17 部委编制了《中国湿地保护行动计划》，提出“逐步完善保护与合理利用湿地、限制破坏湿地的经济政策体系”，如采取湿地开发和利用中的有价补偿利用及生态恢复管理的政策，采取恢复湿地以及相应的补偿措施，促进湿地的可持续利用等优先行动。

2004 年，国务院办公厅在《关于加强湿地保护管理的通知》（国办发［2004］50 号）中指出，要建立国家、地方、社会各界共同参与的多层次、多渠道的湿地保护投入机制，充分发挥各界力量，加快湿地保护的步伐。2004 年，《全国湿地保护工程规划（2004—

2030年）》设计了湿地保护、湿地恢复、可持续利用示范、社区建设和能力建设五个方面的重点工程，并规定以湿地生态补偿等形式分别为这些重点工程提供资金保障。

《全国湿地保护工程“十一五”实施规划》（2005—2010年）围绕湿地保护、湿地恢复、可持续利用示范和能力建设四大建设项目，作出了中央投资42.36亿元、地方配套47.68亿元、总投资90.04亿元的湿地生态补偿投资规划。

2009年，中央一号文件《中共中央国务院关于2009年促进农业稳定发展农民持续增收的若干意见》明确提出，要开始启动湿地生态效益补偿试点工作，这成为我国湿地生态补偿机制建立的重要契机。

2010年，财政部、国家林业局发布的《关于2010年湿地保护补助工作的实施意见》规定了“突出重点、分步实施、注重绩效”的湿地保护补助资金安排原则，这标志着中央财政关于湿地生态补偿的实践工作正式启动，2010年，湿地生态补偿资金为2亿元，补偿范围包括21个省（自治区）的20个国际重要湿地、16个湿地类型自然保护区、7个国家湿地公园。

2011年，财政部印发的《中央财政湿地保护补助资金管理暂行办法》（财农［2011］423号）规定了多渠道筹集资金和中央财政湿地保护补助资金使用原则，并且规定中央财政湿地保护补助资金主要用于监测、监控设施维护和设备购置支出以及退化湿地恢复支出和管护支出。《全国湿地保护工程“十二五”实施规划》（2011—2015年）则围绕湿地保护、湿地恢复与综合治理、可持续利用示范、能力建设、湿地生态效益补偿五个方面的重点工程，拟给予湿地生态补偿等各项投资129.39亿元，其中，中央投资55.85亿元，地方配套73.54亿元。在国家湿地生态补偿实践的基础上，部分省份也通过政策设计和工程建设的形式开展了湿地生态补偿实践工作。例如，山东省政府制定的《山东省湿地保护工程实施规划（2011—2015年）》，计划投资37.986亿元用于省内湿地重点工程的建设；《云南省湿地保护“十二五”规划》拟筹资金18亿元，用于全省湿地保护、生态恢复、资源可持续利用。

2013年3月，国家林业局令第32号公布《湿地保护管理规定》，其中第二十七条规定：“因保护湿地给湿地所有者或者经营者合法权益造成损失的，应当按照有关规定予以补偿。”同年，国家林业局湿地保护管理中心贯彻落实党的十八届三中全会精神，决定进一步加强湿地保护法律法规建设、完善湿地保护体系、探索湿地补偿制度。

上述政策和法律文件为湿地生态补偿制度的发展完善与实施提供了有益保障，目前的湿地生态补偿实践大都是由政府主导，以相关政策法规作为实施基础，以生态恢复工程作为执行手段。然而，由于自然资源权属以及利益相关者不同，不同地区的生态补偿实践各具特点。目前仍然实行以中央财政湿地保护补助资金为主的湿地生态效益补偿。根据国务院《关于印发湿地保护修复制度方案的通知》（国办发［2016］89号），国家将探索建立湿地生态效益补偿机制，对未经批准将湿地转为其他用途的，相关责任主体按照“谁破坏、谁修复”的原则实施恢复和重建，可由其自行开展湿地修复或委托具备修复能力的第三方机构进行修复；经批准征收、占用湿地并转为其他用途的，用地单位要按照“先补后占、占补平衡”的原则，负责恢复或重建与所占湿地面积和质量相当的湿地，确保湿地面积不减少。这与国外开展的“湿地银行”补偿模式相类似，用地单位恢复或重建的效果应当作为审批或监管的重要内容。完善政府以外补偿主体（享受湿地生态系统服务的单位和个人）的资金来源和补偿方式，也是未来实践发展的重要方向。

三、流域生态补偿

目前，我国和地方现有的政策、法规都对流域生态补偿做出了直接规定。2008年通过的《中华人民共和国水污染防治法》第七条明确规定：“国家通过财政转移支付等方式，建立健全对位于饮用水水源保护区区域和江河、湖泊、水库上游地区的水环境生态保护补偿机制”，这是我国第一次从国家立法层面作出的规定，为我国制订流域生态补偿法律及具体的实施办法提供了有力的法律依据。此后，2010年通过的《中华人民共和国水土保持法》（简称《水土保持法》）第三十一条也对流域生态补偿作出了规定：“国家加强江河源头区、饮用水水源保护区和水源涵养区水土流失的预防和治理工作，多渠道筹集资金，将水土保持生态效益补偿纳入国家建立的生态效益补偿制度。”2014年，水利部联合财政部、国家发改委和中国人民银行印发了《水土保持补偿费征收使用管理办法》，这是我国水土保持生态补偿领域的重大举措，对于保护和合理利用水土资源、有效控制人为水土流失、有效维护和改善生态环境具有重要的意义。我国已经有十多个省份开展了类型多样的流域生态补偿实践探索，其中辽宁、浙江、福建、江西和河北五省通过国家环境保护部的引导，先后开展了流域生态补偿的试点工作，江苏、河南、广东、山东等省份自发开展了若干流域生态补偿的实践，其中多个省份出台了流域生态补偿的相关规定。

我国的流域生态补偿，主要是通过国家的大型项目实施，也即以国家购买流域生态与环境服务的形式来实施生态补偿政策。由于资金有限，中央政府主要集中投资于重要水源地、大型生态功能区、自然保护区和生态脆弱地区，对于城市饮用水源地保护和行政辖区内中小流域上下游的生态补偿问题，则通常是由地方政府以协商、谈判和环境协议等形式实现流域补偿[35]。在中央财政支持重点流域生态补偿试点的同时，各地积极开展流域横向水生态补偿实践探索，包括上下游政府间协商交易的补偿模式、上下游政府间共同出资设立专项资金的补偿模式、政府间财政转移支付，以及基于出境水质的政府间强制性扣缴财政设立专项资金的补偿模式等。例如，北京市与河北省境内水源地之间的水源保护协作，东江源区采用财政转移支付与水电费补偿相结合的补偿模式进行跨界（省界）补偿，新安江流域生态补偿的实践，以及浙江省金华市采取异地开发的补偿模式进行生态补偿等。有的地方也探索了一些基于市场机制的生态补偿手段，如浙江省东阳市与义乌市开展的水资源使用权交易[36]，宁夏和内蒙古“投资节水、转换水权”的模式。

四、水土保持生态补偿

水土保持生态补偿的途径主要包括：以国家主导的水土保持环境治理工程为主要形式的生态效益补偿，对在生产建设活动中破坏生态环境的行为征收水土保持补偿费①，以及各地方以专项保护基金的形式进行水土保持生态补偿利益转移等。

2010 年，根据新修订的《水土保持法》第三十一条、第三十二条和 2014 年《水土保持补偿费征收使用管理办法》的规定，县级以上水行政主管部门对“在山区、丘陵区、风沙区以及水土保持规划确定的容易发生水土流失的其他区域开办生产建设项目或者从事其他生产建设活动，损坏水土保持设施和地貌植被、不能恢复原有水土保持功能的生产建设单位和个人”征收水土保持补偿费，用于水土流失预防治理。水土保持补偿费全额上缴国库，纳入政府性基金预算管理，实行专款专用，年终结余结转下年使用。

五、矿产资源开发生态补偿

在矿产资源开发生态补偿方面，从 2003 年起，国家设立矿山地质环境专项资金，支持地方开展历史遗留和矿业权人灭失矿山的地质环境治理。自 2006 年起逐步形成了矿山环境治理和生态恢复责任制度②，建立了矿山环境恢复治理保证金制度，即新建和已投产的矿山

① 参见 2010 年新修订的《中华人民共和国水土保持法》第三十一条、第三十二条和《水土保持补偿费征收使用管理办法》的规定。

② 参见 2006 年《财政部国土资源部环保总局关于逐步建立矿山环境治理和生态恢复责任机制的指导意见》、2010 年《国土资源部关于贯彻落实全国矿产资源规划发展绿色矿业建设绿色矿山工作的指导意见》。

企业应根据相关要求，制订矿山生态环境保护和综合治理方案，并提出达到矿山环境治理及生态恢复目标的具体措施；按照“企业所有、政府监管、专款专用”的原则，由企业在地方财政部门指定的银行开设保证金账户，并按规定使用资金；确定按矿产品销售收入的一定比例，由矿山企业分年预提矿山环境治理恢复保证金，并列入成本。另外，国家还提出结合矿山环境治理恢复保证金制度试点，研究建立可持续发展准备金制度①，由资源型企业在税前按一定比例提取可持续发展准备金，专门用于环境恢复与生态补偿等。

2017年，根据国务院《关于印发矿产资源权益金制度改革方案的通知》（国发［2017］29号）要求，设立矿山环境治理恢复基金，由矿山企业单设会计科目，按照销售收入的一定比例计提，计入企业成本，由企业统筹用于开展矿山环境保护和综合治理。针对环境治理恢复责任落实不到位问题，改革方案明确，将现行各地管理方式不一、审批动用程序较复杂的矿山环境治理恢复保证金调整为管理规范、责权统一、使用便利的矿山环境治理恢复基金。

六、小结

综上所述，从目前的实践来看，我国实施的生态补偿主要有四种模式[37]。第一种是国家财政补助或补贴模式，由国家财政设立专门的补助费用或补贴费用，向保护自然生态的主体发放，鼓励其继续保护所利用的自然资源，如在湿地保护领域所设立的“中央财政湿地保护补助资金”就是由中央财政预算安排的，专项用于主要湿地的保护与恢复。第二种是基金模式，通过设立专项基金向自然生态保护者支付保护费用，例如森林保护领域由中央财政安排专项资金建立“中央财政森林生态效益补偿基金”，主要用于公益林的营造、抚育、保护和管理。第三种是通过向破坏自然生态的主体征收税或费，把筹集的资金用于向保护自然生态的主体支付费用，例如渔业资源费、矿产资源税、生态补偿金等征收后通过财政转移支付等形式来实现对自然生态保护的投入。第四种是处于探索和发展中的创新模式，集中表现为流域生态补偿实践中出现的多种多样的补偿形式，包括补偿协议、水资源使用权交易等市场化途径。

综合已有的相关领域生态补偿机制来看，仍然存在很多矛盾和问题需要理顺：补偿资金来源渠道和补偿方式上较为单一，补偿资金主要依靠中央财政转移支付，而地方政府和

① 参见国务院《关于促进资源型城市可持续发展的若干意见》（国发［2007］38号）。

企事业单位投入、优惠贷款、社会捐赠等其他渠道明显不足；补偿资金支付和管理办法等配套制度不完善，缺乏统一、权威的指标体系和测算方法；还存在开发者生态保护义务履行不到位的情况，需要进一步明确和落实各类主体关于生态补偿的权利、义务和责任。

第五节　完善我国海洋生态补偿立法的必要性

建立和完善我国海洋生态补偿法律制度，具有理论和现实层面的必要性，主要包括以下四个方面。

一、强化海洋生态环境保护与实现资源有序开发利用的迫切需要

近年来，沿海地区各种海洋开发利用强度不断增大，并存在海洋资源开发过度和海洋资源综合利用不合理、利用水平低等问题，导致海洋生态破坏日益加剧，资源严重衰退，引发了近岸海域污染、海洋生态系统结构失衡、海洋生物栖息地损失、生物多样性丧失以及海洋生态灾害频发等一系列海洋生态问题。海洋开发利用活动的生态环境代价未得到有效补偿，给国家海洋生态保护工作带来了巨大的压力和挑战。为应对日益严重的海洋生态破坏，恢复和整治受损海洋生态环境，根据“谁开发谁保护，谁破坏谁恢复”的原则，用海者应当对其海洋开发利用活动造成的海洋生态损害进行补偿，切实履行海洋生态保护、修复和恢复的义务与责任。

海洋生态系统作为一种典型的公共产品，外部性问题必然伴随着海洋经济发展的全过程。因此，我们必须采取合理、有效的措施，对海洋经济发展过程中出现的生态环境问题提供有效的解决途径，解决这些问题的最大障碍之一是资金匮乏，海洋生态补偿机制则主要是通过经济、实物等补偿，为海洋生态潜力的修复提供必要的资金、技术、物质等方面的基础。海洋生态保护补偿机制通过平衡生态保护者、受益者、破坏者和建设者等各方主体的权利、义务关系，明确污染者和破坏者的责任，促使相关主体把治理海洋环境污染与发展生产结合起来，增强环境保护的自觉性，协调经济发展与环境保护的关系，有效解决由生态环境破坏造成的负外部性问题，为海洋环境资源的集约利用和海洋经济的持续、快速、健康发展创造条件。建立海洋生态补偿机制是保障海洋生态与环境维护拥有持续稳定的资金来源的有效途径之一，它是有效解决污染者负担问题的手段之一，是有效解决环境污染中的负外部性、促进环境改善的方式之一。

另外，从我国海域使用权发展特征与现状来看，建立有效的生态补偿机制不仅是规范用海、科学用海的要求，也是使海洋持续为人类服务的有效保证。结合我国海洋生态保护现状，海洋生态补偿法律机制也是促进海洋生态服务市场化，维护海洋资源合理利用秩序，筹集海洋生态修复资金的最合理的法律保障机制。

二、贯彻落实法律法规和国家重要方针政策的重要举措

我国到目前为止还没有针对海洋生态补偿专门立法，关于海洋生态补偿的法律法规零散地分布于各海洋单行法，而各单行法之间缺乏系统性和整体性，难以形成完整的体系，欠缺可操作性，导致在具体操作时部门之间难以协调配合，影响法规的实效，无法为我国海洋生态补偿实践提供指导和依据；由于相关技术规范和标准不完善，海洋生态补偿工作迄今没有全面有效开展。新修订的《环境保护法》和《海洋环境保护法》规定了国家要建立健全海洋生态保护补偿制度，相关法律法规也要求海洋开发利用者要制定生态修复、恢复与整治方案并予以落实。因此，亟须推进海洋生态补偿的立法工作，进而落实和完善我国海洋生态环境保护政策与生态保护法律体系。

海洋生态文明是我国生态文明建设的重要组成部分，制度建设是当前建设海洋生态文明的现实需要和根本保障。近年来党中央、国务院高度重视生态文明建设工作，先后印发了《关于加快推进生态文明建设的意见》、《关于健全生态保护补偿机制的意见》和《关于印发全国海洋主体功能区规划的通知》等系列文件，对建立和完善我国生态补偿法律制度提出了明确要求。海洋生态保护补偿制度以保护海洋生态环境、促进人与自然和谐发展为目标，能够有效调动全社会参与生态环境保护的积极性，促进海洋生态文明建设迈上新台阶。可以说，建立和完善海洋生态保护补偿法律制度，是建设海洋生态文明的内在要求和重要制度保障。为加强我国海洋环境保护，促进整治、恢复海洋生态，规范海洋生态补偿工作，落实上位法的规定，尽快制定专门的海洋生态补偿管理办法势在必行。只有加快生态补偿立法步伐，尽早出台生态补偿条例或生态补偿法，使生态补偿有法可依，再辅之相关的经济手段，才能从根本上解决生态补偿难、补偿效果差、补偿不到位、标准不统一等系列难题，真正形成“谁开发谁保护、谁受益谁补偿”的利益调节格局，才能使生态补偿这一国际通行的环境治理方式得以有效落实，并逐步取得实效，这对环境资源的保护，对地方经济的可持续发展，均有重大战略意义。

三、增强海洋生态保护和监督管理能力的有效途径

目前我国的海洋生态保护补偿法律制度供给不足，并没有出台国家层面的关于海洋生态保护补偿的专门立法和技术指导。我国《海洋环境保护法》在强化相关利益主体海洋生态保护补偿义务方面的力度不够，对海洋生态补偿的相关规定较为原则性，缺乏具有可操作性的法律依据。因此，亟须建立和健全国家海洋生态保护补偿制度，形成制度化和法制化的海洋生态保护补偿管理体系。与此同时，为保证海洋开发利用中相关主体落实生态修复和补偿措施，亟须通过建立健全涉海项目生态保护补偿管理机制和相关规范标准，完善海洋生态保护补偿的资金投入机制、监督管理措施和配套保障体系等，强化用海者生态保护的责任主体意识，为增强海洋主管部门对海洋开发利用活动的全过程监管和对生态保护的有效管控提供有力抓手。

海洋生态保护补偿机制，作为调节海洋环境利益相关者关系的海洋生态治理政策工具，有助于解决海洋生态管理过程中的政府失灵和市场失灵，推动政府海洋管理体制变革，实现海洋生态环境保护工作从以行政强制手段为主向综合运用法律、经济、技术和行政手段的转变，从而有效地解决经济发展与海洋生态保护的冲突，增强政府主管部门的海洋公共服务意识和能力，调动多元主体参与海洋环境保护的积极性、主动性和创造性，提升海洋生态管理的经济效益、社会效益和生态效益。

四、规范海洋生态补偿实践机制的现实需要

近年来，我国部分沿海省市积极探索并实施了海洋生态补偿。如浙江、山东等地的一些涉海企业，在海洋与渔业部门的引导下，自愿协商达成对海洋渔业或生物资源的补偿协议。另外，农业部从 2007 年开始进行的水生生物资源的增殖放流也体现了海洋生态补偿的内容。但从海洋生态补偿的方式、范围、对象等方面来看，现有的补偿存在非连续性、非法定性及随意性等弊端[20]。这主要是因为实践中的这些补偿缺乏法律或相应制度规制，导致补偿依据不充分、补偿效力不确定、补偿范围有限、适用地域局限、履行方式具有随意性等。因而，我们应当结合现状，面向未来，对海洋生态补偿的一系列法律机制问题作出明确的界定，为海洋生态补偿的实施并发挥出实际作用提供规范指引。

第五章　海洋生态补偿立法的模式和体系构建

第一节　立法模式的选择

一、立法模式

立法模式是指立法机关在立法的决策和制定过程中，依据本国国情所采取的方法、结构、体例及形态的总称。明确立法模式，有利于确定法律制定的任务和目的。从目前海洋环境保护与管理的理论和实践来看，海洋环境保护立法模式既表现为一定历史阶段国家和社会对相关立法的宗旨、任务、目的的总体认识和态度，彰显着时间向度的立法特点，体现出一国立法理念更新和动态发展的过程，也反映出国家在既定的立法体制下创制的法律形态，反映着空间向度的立法形式特点，因而具有相对静止性。因此，环境立法模式应适时、适地地调整环境-社会关系。

选择适当的立法模式是进行海洋生态补偿制度立法的前提，只有选择符合我国国情和现有立法状况的立法模式，在正确的框架和思路指导下才能顺利开展海洋生态补偿的立法，使得最终的立法相互协调、避免冲突，共同构成海洋生态补偿的法律体系。

二、统一立法和分别立法

生态补偿是服务于自然资源可持续利用和生态环境有效保护管理的重要保障性制度，是生态文明制度建设不可或缺的内容。较高层级法律依据的缺位导致生态补偿机制建设和实践发展受到很大影响，应尽快制定出台统一的生态补偿法，明确生态补偿的原则、补偿主体、补偿对象、补偿资金来源、补偿方式、补偿标准、补偿项目审计和资金使用监管等内容，解决谁来补、补给谁、补什么、怎么补的问题，为各领域自然资源开发利用活动和生态环境保护及管理提供法律基础。

海洋生态补偿是生态补偿制度的重要组成部分，由于海洋生态系统的自然属性和生态环境保护管理的特殊性，与陆地生态环境保护管理的要求存在差异；同时，海洋领域面临的科学问题复杂程度和不确定性大，在相关标准规范方面尚未统一认识，仍需要继续研究和验证。因此，如果制定一部统一适用于陆地和海洋领域的生态补偿法，规定的内容应体现一般性，为实际操作保留一定的弹性空间，允许各领域、各地区根据自身条件制定具体标准，采取灵活多样的实现形式。为了兼顾较高层级立法的权威性，同时确保立法的有效性、可行性，在制定生态补偿法的同时应制定海洋生态补偿（包括保护补偿和损害补偿）具体的实施管理办法及配套技术标准，并行开展交叉领域（如流域—流域间、流域—海域间的横向补偿）和专业领域（如涉及海洋油气开发、渔业资源利用和保护等领域）的补偿立法活动，共同构建完善的生态补偿法律体系。

三、地方立法到中央立法

我国尚无海洋生态补偿的中央立法，沿海省市已经早于国家层面开展了地方立法和实践探索。海洋生态补偿涉及面较广，加之各地方的自然条件和社会经济发展水平都存在差异，海洋生态补偿机制的实施办法也各不相同。未来，整合不同地方的实践经验积累，出台系统性和统一性的法律规范，还需要考虑各沿海地方的实际并赋予必要的灵活性。此外，还需从实体法到程序法都进一步明确补偿实施过程中的基本问题，避免因地方立法随意性和标准不一等造成法律实施上的冲突与不协调。

第二节 立法宗旨和定位

一、立法宗旨

明确规定立法宗旨是每部法律的基本要求和组成部分，每部法律都有特定的立法目的。促进和实现可持续发展是当代和未来环境法的最终价值和根本目标，这一价值和目标也应当体现在海洋生态补偿立法的目的中，作为指导思想统领海洋生态补偿制度建设和法治建设。

我国《海洋环境保护法》以“保护和改善海洋环境，保护海洋资源，防治污染损害，维护生态平衡，保障人体健康，促进经济和社会的可持续发展”为立法目的。作为促进海洋生态保护和自然资源有序开发利用的重要管理工具，海洋生态补偿法律制度构建的立法理念尚未确立，所谓立法理念是构建法律制度所蕴含的价值取向，是对经济发展价值取向和环境保护价值理念的统筹，是普遍规范和必然规定性的理性认识[19]。正义与可持续发展是海洋生态补偿法律制度构建所应具备的基本价值追求。我国海洋生态补偿法律制度建设的根本宗旨和目的也应以促进海洋经济和社会的可持续发展为终极价值追求，以加强海洋生态保护和恢复，维护海洋生态系统健康和良好环境质量，明确和加强政府、企业、社会组织和个人的生态保护责任，保护公民的生态环境权益，实现人与自然和谐发展等作为其立法宗旨和目的。

二、立法定位

科学的立法定位是搭建立法框架与设计立法制度的前提条件。立法定位对于法的结构确定起着引导作用，为法的具体制度设计提供法理上的判断依据。

首先，海洋生态补偿立法是海洋生态环境保护和管理法律体系的组成部分。海洋生态补偿立法是对《海洋环境保护法》关于海洋生态补偿相关规定的具体化和立法落实，与其他海洋环境保护和管理等法律法规共同组成我国海洋生态环境管理的法律体系。因此，须做好海洋生态补偿立法与不同法律之间的衔接，并尽量减少立法交叉与重复。

其次，海洋生态补偿立法建设在海洋生态补偿管理工作中具有专门性和基础性作用。其功能不可局限于具体问题的解决，而应为问题的解决提供指导思路，问题的解决要依靠相配套的法律法规，尤其面对海洋生态环境问题和保护管理工作中的复杂性和不确定性，法律表述上要体现一定的原则性，相关主体可根据实际情况判断出对相关问题的解决思路，具体的解决办法可以灵活多元化。

最后，海洋生态补偿立法应该立足于海洋生态利益保障和促进可持续发展。面对海洋生态环境问题的综合复杂性，国家、企业和个人等主体间生态利益的调整与平衡是生态补偿立法建设的核心内容，应通过激励生态保护者和治理者的保护行为、管控受益者和破坏者的开发利用活动，达到生态系统整体性保护和恢复、实现可持续发展的目的。

第三节 立法原则

一、基本原则

立法原则是指立法主体据以进行立法活动的重要准绳，是立法指导思想在立法实践中的重要体现，反映了立法主体在立法指导思想与立法实践相结合的过程中所关注的重点，是国家立法意识和立法制度的重要反映。综合立法和部门立法都有须遵循的立法原则。从整体而言，所有立法活动都应遵循下列基本原则。

（一）宪法原则

宪法是万法之法，是具有最高法律效力等级的法律，是综合性地规定诸如国家性质、社会经济和政治制度、国家政权的总任务、公民基本权利和义务、国家机构这些带有根本性、全局性的关系或事项的根本大法。其他所有法律、法规，都是直接或间接地以宪法作为立法依据或基础，或是不得同宪法或宪法的基本原则相抵触。离开了甚至背离了宪法的原则或精神，立法乃至整个法律制度和法律秩序就必然会紊乱。宪法第五条明确规定：“一切法律、行政法规和地方性法规都不得同宪法相抵触。”第八十九条又规定行政法规应当根据宪法和法律制定。民族自治地方可以根据自治权限制定自治条例和单行条例，而规定自治权限的民族区域自治法是根据宪法制定的。部门规章和政府规章同样不得同宪法相抵触。

（二）法治原则

立法作为建设法治国家的前提和基础，也因此需要实行法治化，需要坚持法治原则。这一原则的基本要求和主要内容突出地体现为：一切立法权的存在和行使都应当有法的根据，立法活动的绝大多数环节都依法运行，社会组织或成员以立法主体的身份进行活动，其行为应当以法为规范，行使法定职权，履行法定职责。《中华人民共和国立法法》正式确立了立法的法治原则：“立法应当依照法定的权限和程序，从国家整体利益出发，维护社会主义法制的统一和尊严。”这一原则一方面反映了现今各国立法的法治原则的共性方面，另一方面又突出地反映了中国立法的法治原则所具有的国情特色。“立法应当依照法定的权限和程序”，是前一方面的体现；“从国家整体利益出发，维护社会主义法制的统一和尊严”，是后一方面的体现。

（三）科学原则

坚持科学原则可以实现立法的科学化、现代化，有助于提升立法质量和产生良法，提高立法效益。立法遵循科学原则，首先需要实现立法观念的科学化。要把立法当科学看待，以科学的立法观念影响立法，消除似是而非贻误立法的所谓新潮观念和过时观念。对立法实践中出现的问题和经验教训，应当给予科学解答和理论总结。其次，需要从制度上解决问题。整个立法制度应当合乎社会和立法发展规律，合乎国情和民情，合适、合理、完善。再次，要解决方法、策略和其他技术问题。方法上，立法要坚持从实际出发和注重理论指导相结合，总结借鉴和科学预见相结合，中国特色和国际大势相结合。策略上，要正确处理立法的超前、滞后和同步的关系，要按照客观规律的要求来确定立法指标等。其他要求上，要注意各种法之间的纵向、横向关系的协调一致，法的内部结构的协调一致；要注意立法的可行性，宽严适度易于为人遵守；还要特别注意避免和消除立法中的混乱等弊病。

二、海洋生态补偿立法的原则

海洋生态补偿立法的发展过程除了上述立法的基本原则需要遵循外，还须根据海洋环境保护领域部门立法的需要遵守某些一般原则和具体原则。一般原则是贯穿于海洋生态补偿法律制度构建的各个环节、适用于各个领域的原则，具体原则是适用于某个环节、某个领域的具有指导性的具体化的原则。

（一）一般原则

海洋生态补偿法律制度是海洋环境保护法的组成部分，其适用的一般原则也应当由《海洋环境保护法》所规定、确认或包含其中。海洋生态补偿法律制度的一般原则主要有可持续发展原则、预防性原则、公平性原则和公众参与原则。

1. 可持续发展原则

1992 年《里约环境与发展宣言》（简称《里约宣言》）将可持续发展定义为“既满足当代人的需求，又不损害后代人满足其需求的能力的发展”，并阐述了利用经济手段调整经济发展与生态保护关系的观点[38]。我国《海洋环境保护法》第一条立法宗旨也明确了促进经济和社会可持续发展的基本原则。可持续发展原则要求人口、经济、社会、资源与生态环境等要素间的和谐发展，协调人类社会与生态环境的关系，社会经济发展应不超过自然生态系统的自净能力。在我国经济和社会发展越来越需要海洋资源及其资源配置向全球化方向发展的新形势下，海洋资源的永续利用以及海洋资源环境的有效保护都应当始终贯穿可持续发展的理念与原则。建立海洋生态补偿制度是实现海洋经济可持续发展的需要，确立生态补偿的初衷本身就是为了保护海洋资源和生态系统环境，通过海洋生态补偿制度的建立，提高海洋开发的门槛，建立资源环境再生、修复、改善的良性机制，实现海洋经济的可持续发展。

2. 预防性原则

预防性原则是海洋环境保护领域广泛采纳和应用的一项重要原则。1992 年里约环境与发展大会通过的《里约宣言》是风险预防原则发展的里程碑。我国《环境保护法》中明确了“预防为主”的原则，海洋环境保护的有关法律法规中也有采取预防性保护措施的规定。海洋生态系统的结构和功能具有整体性、流动性以及生态效应的滞后性特征，某些人类活动对海洋生态系统的破坏作用具有损害后果上的确定性，为了达到可持续管理的目标，需要最大限度地减小或克制人对环境的不利影响。预防性原则的核心内容就在于，为了避免生态环境损害，通过全面调查和研究来评估或检测环境和健康的危险，进行前瞻性计划，并在未得到损害的确定性证据前采取行动[39]。

海洋生态系统自身的脆弱性使得面对外界压力和生态损害的风险日益严重，某些生态系统一旦遭受破坏便很难恢复或需要耗费更多成本修复，因此，有效规范人类开发利用行为，主动采取风险防范措施，对于保持生态系统健康和平衡是必需的。预防性原则应当纳入海洋生态补偿制度的构建和管理过程中，一方面通过直接保护和恢复海洋生态环境提升海洋生态系统的弹性，增强应对不确定性风险的能力；另一方面可以通过强制性手段的应用，在促使海洋开发利用的同时采取有效的风险应对措施，预防生态破坏，并在海洋生态保护实施者和受益者之间重新分配生态保护产生的社会净效益，从源头入手解决海洋经济发展与生态环境保护之间的冲突。

3. 公平性原则

我国的海洋自然资源属于全民所有，同时海洋生态环境具有公共产品属性，这就决定了海洋生态补偿工作应当充分体现社会公平性的原则。公平性原则包括代内公平和代际公平，是可持续发展原则的题中之意，即要求当代人在开发利用海洋自然资源过程中应当对其进行保护，在满足当代人需求的同时，不影响后代人发展对资源的需求，实现海洋资源的可持续利用。实现代内公平，是指当代人不同种群之间、不同地区之间的公平。海洋具有整体性和流动性特征，一部分人的开发利用活动会对其他人的生存环境和对资源的利用水平产生影响或造成生态环境损害，影响其他人对资源环境利用的平等权利，因此，需要当代人在开发利用的同时对海洋生态环境和资源进行保护和补偿，以保障其他人和其他地区对海洋资源环境利用的平等权利。实现代际公平，是指当代人在开发利用海洋资源环境的过程中应当坚持可持续性原则，既满足自身生存发展需要，又不超过生态环境的自净能力和自然资源的再生能力，以保证后代人对资源环境的公平利用。

海洋生态补偿法律制度建立的目标就是实现公平、正义，生态补偿方式、标准和方案的确定应当具有科学性，充分考虑不同地域、不同环境条件和社会经济发展水平等因素，最终确定最能体现公平的补偿结果。

4. 公众参与原则

1972 年斯德哥尔摩人类环境会议通过的《联合国人类环境会议宣言》阐明了人类对于环境资源共同拥有的权利和义务。每一个生活在自然环境中的人都是权利主体，都是宏观意义上的自然资源的所有者，享有占有、使用、收益和处分的权利，同时在权利受到损害时享有救济的权利。公众参与原则，是指任何人都有保护海洋资源和海洋生态环境的义务，也都有平等地参与海洋资源保护、海洋生态环境维护事业，参与海洋环境决策的权利。海洋生态环境质量的好坏，直接关系到每个人的生活质量，拥有舒适优美的环境，是每一个公民应当享有的福利，公民有权利依法参与保护和管理海洋生态环境，禁止破坏海洋生态环境的行为，监督海洋执法。有权利就有义务，公民也应该履行相应的义务，维护海洋资源环境的可持续发展，这也是公民的基本权利和义务的一部分，人人都要为保护和改善海洋生态环境作出应有的贡献。

海洋生态补偿法律制度的实施过程中涉及广泛的利益相关者，补偿过程中需要平衡各方的利益，既要达到对生态环境损失的充分补偿，又要充分考虑相关主体的承受能力和区域社会经济发展水平。在补偿标准制定和补偿方式的确定过程中需要进行充分调研和协商，这当中保护区周边社区居民的协助以及对环境保护工作的参与度都对海洋生态补偿制度的顺利开展起着重要作用。在具体操作中应注重政府相关信息的公开、规范和透明，充分保障利益相关者的知情权和公众监督。

（二）具体原则

生态补偿的具体原则是符合我国法律规范，在实践中逐步发展并通过相关政策和法律文件确认的、对实际工作具有指导意义的原则。2007 年国家环保总局《关于开展生态补偿试点工作的指导意见》（环发［2007］130 号）中明确了生态补偿试点工作的基本原则，一是坚持"谁开发、谁保护，谁破坏、谁恢复，谁受益、谁补偿，谁污染、谁付费"的原则，确定生态补偿责任或生态环境恢复责任主体——即环境和自然资源的开发利用者和生态保护的受益者，要承担环境外部成本，履行责任方式包括赔偿相关损失、支付占用环境容量的费用以及向生态保护者支付适当的补偿费用等；二是责、权、利相统一原则，研究制订合理的生态补偿标准、程序和监督机制，确保利益相关者责、权、利相统一，做到应补则补，奖惩分明；三是共建共享、双赢发展原则，区域或流域生态环境保护的各利益相关者应相互配合，并积极加强经济活动领域的分工协作，共同致力于改善区域、流域生态环境质量，推动区域可持续发展；四是政府引导与市场调控相结合原则，充分发挥政府在生态补偿机制建立过程中的引导作用，改进公共财政对生态保护投入机制，同时制订完善相关的政策法规，调节、规范市场经济主体，建立多元化的筹资渠道和市场化的运作方式；五是因地制宜、积极创新原则，要积极总结借鉴国内外经验，科学论证、积极创新，探索建立多样化生态补偿方式。

2016 年国务院办公厅《关于健全生态保护补偿机制的意见》（国办发［2016］31 号）明确了健全生态保护补偿机制的基本原则。一是权责统一、合理补偿，谁受益、谁补偿，科学界定保护者与受益者权利义务，形成受益者付费、保护者得到合理补偿的运行机制。二是政府主导、社会参与，发挥政府对生态环境保护的主导作用，通过经济、法律等手段，加大政府购买服务力度，引导社会公众积极参与。在我国，政府是生态补偿工作的主要推动者和主要资金来源，但是在发挥政府推动优势的同时，也需要积极调动市场主体参与生态补偿，扩大生态补偿经费来源。三是统筹兼顾、转型发展，将生态保护补偿与实施主体功能区规划、西部大开发战略和集中连片特困地区脱贫攻坚等有机结合，促进其转型绿色发展。四是试点先行、稳步实施，推进不同领域、区域生态保护补偿机制建设。

海洋生态补偿是生态补偿制度的重要组成部分，上述主要政策文件所确认的指导原则，可以为补偿工作的顺利开展提供具体的实施指引，有助于明确补偿责任主体、补偿对象、补偿范围、补偿方式等基本内容。根据不同的环境外部性，对于增益性补偿，主要适用"谁受益，谁补偿"原则；针对抑损性补偿，"谁开发、谁保护，谁破坏、谁恢复，谁污染、谁付费”原则有助于明确开发利用主体的保护、恢复和治理责任，以及履行补偿责任的具体方式。

第四节　总体架构

海洋生态补偿机制是在利益分配与秩序维护、权利义务与公平正义、可持续发展的法理基础上建立的。基于海洋生态补偿立法的目的和宗旨，海洋生态补偿立法架构和制度建设的基本内容也是围绕这三个方面的价值理念和指标要求展开的，进而通过具体的规范形式实现海洋生态补偿机制的法律功能。

一、利益协调机制

海洋生态补偿立法的主要功能之一在于调节、调和与调解海洋生态保护和开发利用之间存在的各种利益冲突。在开发利用海洋资源的过程中存在诸多利益：经济和生态利益、个人与社会公共利益、生存与发展利益、当代人与后代人利益等。在法学意义上，调整多元化的利益分配是海洋生态补偿制度的逻辑起点。海洋生态补偿制度涉及中央与地方各级政府、不同行政区域的平行地方政府、企业、社会组织、个人等多元利益相关者，他们各自的利益诉求存在矛盾与冲突，需要通过良好的协调机制来平衡复杂的利益关系，当然，在某些特定情况下，私人利益应让步于公共利益。海洋生态补偿机制对环境利益的分配主要通过对海洋生态环境保护和海洋资源开发利用行为的调整来实现。具体到海洋生态保护补偿和海洋生态损害补偿方面，前者主要对海洋生态保护者、受益者之间的生态利益进行平衡，后者主要对海洋开发利用主体、受损主体的生态利益进行调节。

二、秩序维护机制

维护海洋社会-生态系统的秩序也是海洋生态补偿制度建设、实施的目的之一。这种秩序包括海洋自然秩序和社会秩序，前者所反映的是海洋自然生态系统自身的物质生产、变化和消亡的持续性与规律性演变；后者是指人类因开发利用海洋生态环境资源的行为而对海洋系统产生的连续性和规则性干预过程。随着人类活动强度的增大，过度、无序开发利用海洋资源导致海洋自然秩序的混乱，加剧了海洋灾害的破坏影响、海洋环境恶化，影响了海洋社会经济的稳定有序发展。基于此，海洋生态补偿制度的建立一方面通过向海洋自然生态系统增大投入进行补偿，促进海洋自然生态的保护和恢复；另一方面促使海洋开发利用过程中相关主体切实履行保护、修复受影响的海洋生态的义务，形成可持续发展的海洋开发模式和秩序，妥善协调好经济利益和生态利益、个人利益和社会公共利益、当前利益和长远利益的关系。

三、约束机制

公平正义是衡量法律价值的重要指标之一。海洋生态补偿主要是从环境正义的角度体现公平正义的理念。环境正义是指人们都享有利用环境资源、开发环境资源的同等权利，都应履行保护生态环境资源的同等义务。事实上，权利只有由国家法律明确规定并得到国家权力为后盾的强制性保障才可能转化为现实权利。我国尚未制订海洋生态补偿的专门法律法规，相关权利义务缺乏法律依据。因此，一方面必须通过法定的海洋生态补偿制度明确在海洋资源的开发利用过程中利益受损或受限的主体，赋予其获得法定补偿的权利，为受偿主体获得补偿提供强有力的保障；另一方面，法定的补偿义务对于生态补偿的主体和客体都会产生特殊的约束和强制作用，通过对海洋开发利用过程中的受益主体施加某种利益负担，确保受益方从有利于海洋可持续发展角度出发来选择自己的行为，这也是海洋生态补偿制度调整功能的一个核心内容。

海洋生态补偿涉及广泛的主体，对相关利益主体通过赋予相应的权利或施以实体性或程序性义务进行规制。其中，政府部门作为海洋自然资源和生态环境的所有权人和行政管理主体，既是海洋生态补偿的权利和义务主体，又行使监管职责；作为海洋开发利用主体的企业，享有开发利用海洋生态环境和资源权利的同时，也要履行对受影响海洋生态系统和受影响主体进行损失补偿的义务；为保护海洋生态环境作出贡献或牺牲的社会组织与个人本身履行保护环境的一般性义务，同时也享有获得合理补偿的权利。

除了对利益相关者权利义务的约束，对海洋生态补偿机制运行中的监督与责任追究也是立法中不可或缺的内容之一，具体包括对海洋生态补偿资金的使用监管、审计监督、利益相关者履行义务情况的检查和法律责任认定等，对此尤其应当建立广泛的公众参与和社会监督机制，形成全面、多元的约束机制。

四、激励机制

可持续发展理念是海洋资源开发和生态价值利用始终贯穿的原则。确立海洋生态补偿制度的初衷就是要改善人类社会与生态环境的关系，确保经济发展的同时要保护好海洋资源和生态系统。海洋生态补偿制度的建立和实施关乎社会公共利益与环境公平，不仅需要约束性和强制性机制发挥规范性作用，还需要采取物质与精神相结合的激励手段，最大限度地把所有参与主体的主动性和创造性激发出来，确保海洋生态系统保护和海洋资源的可持续利用。根据“谁保护、谁受益”的原则要求，可以通过采取有效的措施，对海洋生态保护的贡献者或牺牲者予以合理补偿，进而发挥激励和引导作用。从制度层面，应该重视稀缺资源的有偿使用方式，把海洋生态系统维护的费用纳入新的国民经济核算体系，与税收、财政、金融和产业政策相协调，有效地激励海洋自然资源使用权人持续参与海洋生态补偿工作。

第六章　海洋生态保护补偿

第一节　概念界定

海洋生态保护补偿，指单位或者个人对海洋环境与生态系统的改善作出了贡献，由海洋环境与生态系统改善的受益者对海洋生态保护的贡献者进行补偿。海洋环境与生态系统的受益者是整个社会，所以一般由政府代表整个社会来对贡献者进行补偿。

因此，环境法学意义上的海洋生态保护补偿是指中央和沿海地方各级人民政府为保护海洋生态环境，综合运用行政手段和市场手段对特定的海洋生态保护主体（贡献者）以及因保护行为受影响的主体（牺牲者）的经济损失予以合理补偿的环境管理手段。海洋生态保护补偿是对正外部性行为进行利益补偿的一种机制。海洋生态保护补偿应当包括以下两个方面的内容：一是对个人或区域保护生态系统和环境的投入成本或放弃发展机会的损失的经济补偿；二是对具有重大生态价值的区域或保护对象进行保护性投入。

第二节　立法概述

一、目标和任务

在明确了海洋生态保护补偿的基本概念后，还应当明确其立法的宗旨和目标。海洋生态保护补偿立法的目标和任务主要包括以下三个方面。

（一）鼓励保护行为，调动生态保护的积极性

海洋生态保护补偿，顾名思义是对保护行为的补偿，这项制度创建的最初目的就是通

过经济补偿、政策补偿以及市场手段等方式鼓励有关的利益主体开展生态保护，综合运用经济、政策、市场等手段全面调动社会主体开展生态保护的积极性。

例如，在森林生态补偿中通过国家财政支付，对公益林的管护支出进行补偿；对支持退耕还林工程的农民进行直接的经济补偿，提供适当的补助粮食、种苗造林费和现金（生活费）补助等。通过森林生态效益补偿，改善了生态环境，不仅为农业稳产高产提供保障，也为社会提供适宜的人居环境，有助于构建生态农村，促进人与自然和谐，美化环境，并增加农民收入。

在草原生态补偿中，为了抑制草原退化，对草原资源的所有权人或为草原生态环境保护付出代价者支付相应的费用；为了保护和恢复草原生态系统的生态功能或生态价值，针对草原生态环境进行的补偿、恢复、综合治理等行为，以及基于草原生态环境保护和利用草原资源而对可能因此丧失发展机会的区域内的居民给予资金、技术、实物上的补偿或政策上的优惠等行为。草原生态补偿措施包括：禁牧补助、草畜平衡奖励、落实对牧民的生产性补贴政策、加大对牧区教育发展和牧民培训的支持力度等内容。通过草原生态补偿的实施，调动了牧民的积极性，一方面保护和恢复了草原生态系统，遏制了草原过度放牧造成的草场退化现象，另一方面有序引导了牧民支持畜牧业的可持续发展。

海洋生态保护补偿立法的宗旨就是通过立法调整利益相关者之间的利益关系，合理地分配不同主体间的利益关系，对生态保护支出成本和基于生态保护行为丧失的发展机会成本予以合理、适当补偿，从而调动社会主体支持、拥护国家的生态保护政策，自觉主动地参与到海洋生态保护的行动中。

（二）弥补利益受损者的经济损失，实现利益二次分配

为了保护重点区域内的特有生态环境，国家必然对重点区域内的环境采取管理措施。从正面来说，为了保护、修复或整治受损的生态系统，需要开展相应的生态保护、修复与建设工程，一般来说地区的生态保护成本由地方政府财政来负担，但大量生态保护措施投入会导致地方政府投入到其他领域的财政支出减少，生态保护项目的建设在一定程度上会束缚一个地区的经济发展规模，因此地方政府不愿意主动采取大规模的生态保护措施，这就需要国家对重点区域的生态保护成本给予补偿，妥善平衡好经济发展和生态保护的关系。

从另一方面来说，对重点生态功能区域进行生态保护，往往需要对这个区域内的自然资源开发利用行为作出禁止或限制，由于一个区域的自然资源是公民得以生存和发展的基础，对自然资源利用的禁止或限制必然影响当地民众的生存发展，相对于其他区域的民众

丧失或部分丧失了发展机会，对当地民众造成不同程度的经济损失，从而导致国民经济初次分配的不公，如果不对其丧失的发展机会成本进行补偿，民众的生活水平受到影响，严重的可能导致贫困，民众可能会产生抵触情绪，无法调动民众生态保护的积极性，因此，通过国家财政的力量进行利益的二次分配，能有效弥补初次分配造成的不公平。

（三）调整受益地区与受损地区的经济利益关系，维护社会公平

开展生态保护补偿一般会选择具有重要生态价值或者需要特殊保护的生态系统的地区，例如，一个国家级自然保护区的建设也会对一个地区的经济发展产生不利影响，虽然生态环境的改善也会为当地带来一定的经济、生态效益，但是相比其他正常的经济发展地区来说，其经济发展能力降低，经济发展水平受到影响，会造成当地财政收入下降或增长缓慢、居民收入水平下降、基础设施建设滞后等不利影响，整体是损失大于收益，基本属于受损区域。而一个地区生态环境的改善能够产生正的外部性，使其周边其他地区受益，如此，生态受益地区和受损地区间会产生利益分配不均，根据“受益者补偿”的原则，应当由政府主导或通过市场途径开展区域间生态补偿，以政府间财政转移支付的方式由受益地区补偿受损地区，实现区域间的社会公平。

二、补偿原则

海洋生态保护补偿立法和实践应当充分依据一定的原则，保障海洋生态保护补偿工作符合其立法的宗旨和目标。

（一）受益者补偿原则

“受益者补偿”的原则应当作为海洋生态保护补偿的基本原则。“受益者补偿”的原则是指“谁受益，谁补偿”，在海洋保护区等重要生态功能区的建设与管理中，地方政府、保护区管理机构以及当地居民投入生态保护成本或丧失发展机会成本，其保护行为产生的生态效益具有外部性，海洋保护区旅游开发主体以及周边乃至全国都有可能是直接或间接的受益者，但是这部分主体却没有支付生态保护成本，而是享受了生态环境改善带来的利益，基于公平考虑，这部分受益者应当对生态保护地区进行补偿。

受益者补偿的途径可以是资金补偿，也可以通过工程补偿、技术培训、能力建设等多种方式，虽然很难完全计算受益的具体数额，但是应当做到享受的利益与补偿成本基本

相当。

（二）公平性原则

海洋生态保护补偿体现了环境法的公平性原则的基本价值取向，环境公平和环境正义是环境法的基本价值追求。在环境法学界，环境公平包括代际公平和代内公平，它被定义为：人类不分世代、种族、国籍、文化、性别、经济水平、社会地位等，均享有安全、健康以及其他环境权利。该原则认为人类各代都处在同一生存空间，他们对这一空间中的自然资源和社会财富拥有同等享用权，他们应该拥有同等的生存权。当代人在开发利用海洋自然资源的过程中应当对其进行保护，保证满足当代人需求的同时，不影响后代人发展对资源的需求，实现资源的可持续利用，真正实现代内公平和代际公平。

环境公平虽然不能实现绝对公平，但是可以通过分配正义实现结果的相对公平，不管是代际间还是代内间，都要求在承认个体差异的前提下平衡各方的利益。根据罗斯的正义论，正义被认为是法律的基本精神，是衡量一部法律是否是良法的重要尺度和标准，任何法律都应以体现大多数人利益的正义原则来适当地分配资源、利益和负担，实现分配正义。分配正义一旦遭到破坏，应重建或恢复正义，例如要求侵害者赔偿受害者的损失，或对侵害者施予相对称的刑罚，以弥补分配正义被侵害所带来的不利后果。从环境正义的角度来看，在建立海洋保护区的问题上，有一部分主体因保护区建设带来了利益，另外一部分主体共同分担了保护区建设所带来的负担和风险，我们应当通过分配正义实现结果的相对公平；对于因保护区建设而受到损失的主体，应该从因保护区建设和利用的受益者那里得到相应的补偿。海洋生态保护补偿制度建设即为了实现分配正义而建立，是实现保护区利益相关者环境公平权的制度保障。

（三）可持续性原则

1972 年在斯德哥尔摩举行的联合国人类环境研讨会上，可持续发展（sustainable development）的概念最先正式提出并被讨论。1987 年，世界环境与发展委员会发布了“我们共同的未来”报告，将可持续发展定义为“既能满足当代人的需要，又不对后代人满足其需要的能力构成危害的发展”，这个定义系统阐述了可持续发展的思想和内涵。可持续发展主要包括社会可持续发展、生态可持续发展、经济可持续发展，这一思想在世界环境领域得到认同和广泛应用。

可持续性是可持续发展的原则之一，是指生态系统受到某种干扰时能保持其生产率的能力。资源的持续利用和生态系统可持续性的保持是人类社会可持续发展的首要条件。可持续发展要求人们根据可持续性的条件调整自己的生活方式，在生态系统可能承受的范围内确定自己的消耗标准。因此，人类应做到合理开发和利用自然资源，保持适度的人口规模，处理好发展经济和保护环境的关系。

开展海洋生态保护补偿是贯彻可持续发展原则的重要体现，海洋生态保护补偿标准、管理措施的制定应当结合经济、社会和生态可持续发展的需求，具有长期性、远瞻性和可持续性，对海洋自然保护区等重要生态功能区的补偿除了以资金补偿进行“输血”外，应当加强区域的生态保护修复工程建设，从技术培训、能力建设等方面提高受偿地区的“造血”能力，实现可持续性。

（四）适当补偿的原则

海洋生态保护补偿之所以坚持适当补偿而非充分补偿的原因主要考虑以下三个方面。

（1）生态保护补偿资金筹措困难，财政实力难以实现充分补偿。从现实情况来看，海洋生态保护补偿资金的主要来源是国家财政，目前全国划定了众多的海洋自然保护区、海洋特别保护区、海洋生态红线区以及其他重要海洋生态功能区，需要开展保护补偿的区域面积广大，涉及的受偿主体人数众多，由于目前开展海洋生态保护补偿的资金筹措途径较窄，海洋生态保护补偿资金金额无法对保护区域进行充分的补偿。

（2）海洋自然保护区、特别保护区等重要生态功能区生态保护效益可以弥补受偿主体的部分保护成本和发展机会成本损失。虽然在生态保护地区开展相关的生态保护行为给当地的政府和居民造成了一定的损失，但是也带来了部分生态保护成果和利益，一定程度上弥补了损失，例如一个地区生态环境得到改善，当地民众可以比其他人直接或间接地享受更多生态系统提供的生态服务价值，这种价值是多方面的，包括景观价值、气候质量改善、灾害减少、净化环境以及心理精神上的益处等生态价值。

（3）目前没有完全科学、合理的生态保护补偿标准，只能根据评估结果结合财政实力进行适当补偿。目前我国正在研究制定海洋保护区、海洋特别保护区等重要生态功能区的海洋生态补偿评估技术导则，关于海洋生态保护补偿资金的核算主要包括生态保护成本的支出和机会成本的损失两部分。生态保护成本的核算相对简单，只要数据统计全面，理论上就能核算出一个保护区域的保护成本支出，但是对于机会成本的损失由于涉及多方面的内容，目前仍然没有一个科学合理的计算标准，即使找到了一定的计算方法，但是这种计算方法由于采用的基础值不同也会导致最终的结果差异很大，实际是不可能得出准确的数值。

基于以上几个原因，海洋生态保护补偿在开展资金补偿时应当坚持适当补偿的原则，而非充分补偿。

三、适用范围

对于海洋生态保护补偿立法的适用范围目前没有明确的法律规定，国务院办公厅下发的《关于健全生态保护补偿机制的意见》中明确提出“研究建立国家级海洋自然保护区、海洋特别保护区生态保护补偿制度”，“研究制定以地方补偿为主、中央财政给予支持的横向生态保护补偿机制办法”，《国家海洋局海洋生态文明建设实施方案》（2015—2020 年）也提出了相关要求，但是都没有明确界定海洋生态保护补偿立法的适用范围。

综合国家的环境政策文件和调研的资料，笔者认为目前海洋生态保护补偿立法的适用范围应当确定为：①在我国管辖海域内的海洋自然保护区、海洋特别保护区以及其他重要海洋生态功能区（以下简称“海洋生态保护区域”）；②流域与海域或海域间的横向生态保护补偿。短期来看，主要通过政府主导的方式推动海洋自然保护区、海洋特别保护区的生态补偿立法与实践，通过政府指导、市场主导的方式推动流域与海域或海域间横向生态保护补偿；长期来说，还应当扩大范围到其他重要的海洋生态功能区，例如水产种质资源保护区、海洋生态保护红线区以及其他可能的重要生态保护区域。

第三节　补偿主体和对象

一、利益相关者分析

将利益相关者分析引入海洋生态保护补偿中，主要是为了探索发现生态补偿这一系统中的主要角色或潜在的“相关者”，并评价其利益影响程度，基于利益相关者之间的利益协调来促进生态补偿的实施。利益相关者分析存在三个层面，即理性层面、过程层面、交易层面。理性层面要解决的是“谁是利益相关者”和“这些利益相关者可期待得到的收益是什么”；过程层面解决的是生态补偿系统的组织者如何管理共同利益相关者的关系，促使这种管理过程向着有利于实现系统目标的方向发展；交易层面解决的是系统的组织者和其利益相关者之间的交易或讨价还价，并考虑这种交易是否符合利益相关者目标。据此，利益相关者的分析应当包括三个方面的内容：第一，谁是利益相关方及其利益要求；第二，明确各个利益相关方在系统中的权力大小和影响程度；第三，利益相关方在系统中的互动会产生系统目标的实现或偏离等后果。进行利益相关者分析是对其利益行为博弈分析的前提，也是找到利益冲突的根源所在。

根据《海洋环境保护法》第二十条至第二十三条的规定，海洋保护区分为海洋自然保护区和海洋特别保护区。我国根据该法分别针对海洋自然保护区和海洋特别保护区的管理制定了相应的法规规章。按照《中华人民共和国自然保护区条例》（2011 年修订，简称《自然保护区条例》）第十八条的规定，自然保护区可以分为核心区、缓冲区和实验区。在核心区和缓冲区内实行严格保护，核心区禁止任何单位和个人进入，缓冲区只准进入从事科学研究观测活动。实验区，可以进入从事科学试验、教学实习、参观考察、旅游以及驯化或繁殖珍稀、濒危野生动植物等活动。

《海洋自然保护区管理办法》第十三条对海洋自然保护区的核心区、缓冲区、实验区的管理制度作了具体规定，在缓冲区和实验区内可以从事一定的开发利用活动。由于《海洋自然保护区管理办法》的效力级别低于《自然保护区条例》，且于 1995 年制定后未修改，因此与 2011 年修订后的《自然保护区条例》有冲突之处，尤其是关于在缓冲区内可从事的活动，根据法的效力冲突解决的上位法优于下位法的规则，应当以《自然保护区条例》的规定为依据。

《海洋环境保护法》第二十三条规定，“凡具有特殊地理条件、生态系统、生物与非生物资源及海洋开发利用特殊需要的区域，可以建立海洋特别保护区，采取有效的保护措施和科学的开发方式进行特殊管理”。据此，2010 年制定的《海洋特别保护区管理办法》对此相关内容在第三十二条作了具体规定：“海洋特别保护区生态保护、恢复及资源利用活动应当符合其功能区管理要求。在重点保护区内，实行严格的保护制度，禁止实施各种与保护无关的工程建设活动。在适度利用区内，在确保海洋生态系统安全的前提下，允许适度利用海洋资源。鼓励实施与保护区保护目标相一致的生态型资源利用活动，发展生态旅游、生态养殖等海洋生态产业。在生态与资源恢复区内，根据科学研究结果，可以采取适当的人工生态整治与修复措施，恢复海洋生态、资源与关键生境。在预留区内，严格控制人为干扰，禁止实施改变区内自然生态条件的生产活动和任何形式的工程建设活动。”

由此可见，无论是海洋自然保护区还是海洋特别保护区，在核心区域实行严格的保护，在核心区之外的区域可以从事一定的海洋活动，不过在海洋自然保护区内所从事活动的范围明显小于海洋特别保护区，在海洋特别保护区内可以从事一定的海洋开发利用活动，因此海洋自然保护区和海洋特别保护区利益相关者的利益影响程度有所不同。因为海洋保护区的建设，有一部分社会主体会受益，另一部分主体因保护区内禁止性或限制性规定而使其权利受到限制和制约，丧失了对自然资源的利用机会而遭受一定损失，还有其他的相关利益主体一方面遭受一定的损失，但在其他方面会获益，兼具受益者和受损者的双重身份。鉴于以上考虑，制定针对海洋保护区生态补偿的标准，首先需要对海洋保护区利益相关者进行分析，其次对利益相关者进行博弈分析，在此基础上，最终才能制定各方利益主体都相对满意的生态补偿标准。

海洋保护区生态补偿涉及不同的利益主体，一般来说，包括保护区内的社区居民、保护区管理部门、上级与当地政府部门、旅游开发商等。目前从实际情况来看，海洋保护区生态补偿的利益相关者主要涉及以下几类（图 6-1）。

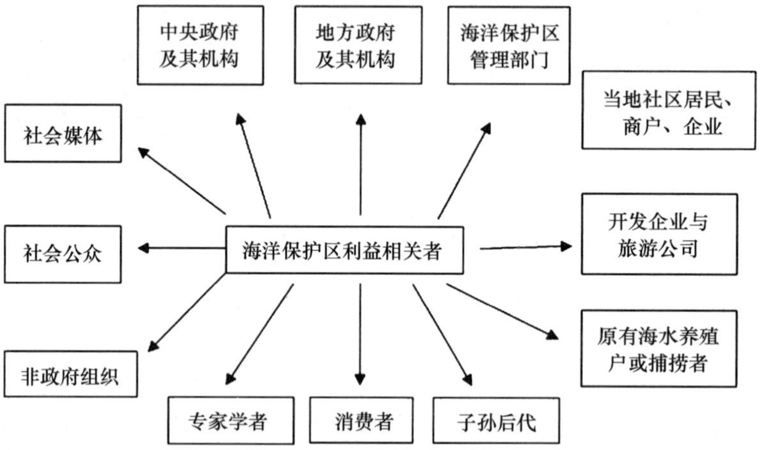

图 6-1　海洋保护区利益相关者

利益相关者具有合法性、权力性、紧密性三个特征。从合法性、权力性和紧密性三个不同的维度对海洋保护区生态补偿的利益相关者进行评析，可以将海洋保护区生态补偿的相关利益者划分为三个基本层次（图 6-2）：核心层（同时具有合法性、权力性和紧密性），包括各级政府、海洋保护区管理部门、开发企业与旅游公司、社区居民；紧密层（具有合法性、权力性和紧密性三个特征中的两个），包括非政府组织、专家学者、社会公众及子孙后代；外围层（具有合法性、权力性和紧密性三个特征中的一个），包括旅游消费者、社会媒体等。在这些利益相关者中，有一部分是利益获得者，应当作为生态补偿的主体；另一部分利益相关者的利益遭受损失或者为了保护区建设作出额外的贡献，应当作为生态补偿的对象；补偿对象的哪些损失应当由补偿主体予以补偿属于生态补偿范围研究的内容。

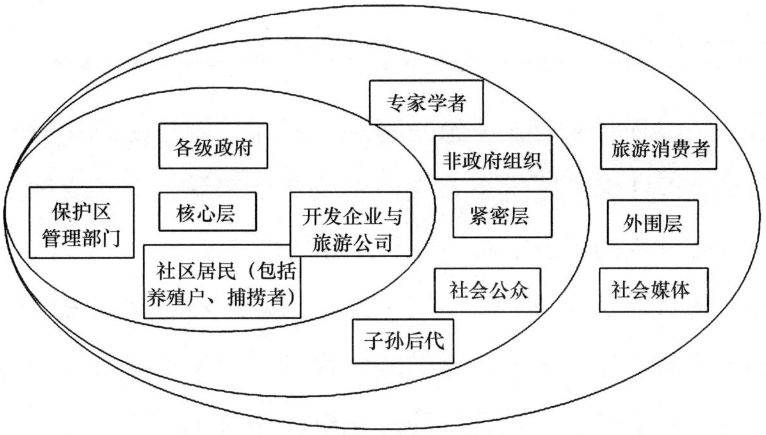

图 6-2　海洋保护区利益相关者层次图

二、补偿主体

理论上来讲，根据“谁受益，谁付费”原则，一切从海洋保护区建设中获得利益的群体和个人都是海洋生态保护补偿的主体。其中，利益分为经济利益、生态利益等，但是由于生态利益的公益性，补偿主体较难确定，实际上很难让所有受益者都付费。海洋保护区生态服务功能具有消费和使用上的非竞争性和非排他性，一部分人享受了海洋保护区建设带来的生态利益，本应付费但却无偿享受生态系统服务功能；另有一部分人由于经济收入的限制难以付费，因此不可避免会出现“搭便车”的现象，也就无法让所有理论上的生态补偿主体支付生态补偿费。

海洋保护区生态补偿主体一般是指因海洋保护区建设而享受生态利益者，作为海洋保护区的生态受益者应当补偿其他因海洋保护区建设而遭受损失的利益相关者。海洋保护区的生态补偿主体主要可以分为三类：国家、市场主体、社会主体。国家主要是包括中央政府及其有关机构，比如环保部门、海洋主管部门等。但一般而言，海洋保护区生态补偿的执行机构主要是各级保护区的管理机构。市场主体是指对海洋保护区生态服务进行购买，或者在海洋自然保护区的实验区内或特别保护区的适度开发区内从事自然资源开发利用而享用生态利益的主体。海洋保护区生态补偿的市场主体一般包括公司、企业等社会经济组织、有关公民个人等。社会主体是指除了上述两类主体之外，出于对人类未来的担忧和社会公共生态利益的考量，通过社会捐赠和国际援助等方式对自然保护区进行生态补偿的非政府组织（NGOs）、社会公众、国际机构和外国政府等。

（一）国家——中央政府

从目前的立法和实践现状来看，无论是海洋自然保护区还是海洋特别保护区，政府部门的财政转移支付都是海洋保护区生态补偿的主要资金来源，国家成为生态补偿主体已经成为共识，国家在生态补偿的过程中始终处于主导地位。

建设海洋保护区的目的是保护生态系统、生物与非生物资源及海洋开发利用的特殊地理条件等，维持和改善海洋生态环境，保护区建设带来的生态效益作为准公共物品，为所有人共享，不仅当地居民享受生态效益，甚至是全民和整个国家也受益，除了当代人还包括子孙后代，因此应当有一个受益人的共同代表来履行义务对受损者进行补偿，这个代表就是国家，即“政府代表原则”（GRP 原则）。国家作为全民代表应当作为海洋保护区生态补偿主体，而中央政府代表国家行使权力，因此中央政府及其有关机构应当承担起海洋生态保护补偿的责任。实践中生态保护区域和经济发展区域，通常归不同的行政区域管辖，一般不能由生态保护区域直接向经济发展区域索取生态建设补偿费用，而只能通过国家或上级政府在经济发展区域征税，然后以财政转移支付形式向生态保护区域提供生态补偿资金。

地方人民政府由于海洋保护区的建设，对海域的开发利用受到限制，影响地方财政收入，一般被视为生态补偿的补偿对象，因此，需要中央政府对地方政府通过财政转移支付等资金补偿方式落实生态保护补偿资金，确保其用于生态保护补偿。

（二）市场主体

市场主体是海洋生态保护补偿的重要补偿主体，中央和省级生态补偿的政府机制已初步建立，市场机制仍处于探索阶段。虽然现阶段海洋生态保护补偿的市场交易机制未建立起来，但是根据“谁受益，谁补偿”的原则，由于海洋保护区的建设而获得经济利益的市场主体应当支付生态补偿费或补偿其他受损主体。

生态补偿的市场主体一般来说包括了海洋保护区内以及周边依托保护区建设从事营利活动的开发企业、相关旅游公司等社会经济组织以及有关消费者等。我国的立法鼓励通过市场机制促进生态补偿，鼓励市场主体通过市场交易机制进行生态补偿，并在流域生态补偿中得到运用。但是通过市场机制进行生态补偿是基于自愿协商行为。目前，向海洋开发利用者征收生态补偿费还存在一定的争议，遭到合法性质疑，因此，市场主体应当更多通过市场机制进行生态补偿。

（1）海洋保护区当地相关的开发企业、旅游公司属于核心利益相关者。这一部分主体充分利用了海洋保护区的生态资源从事开发利用活动获得了经济利益，应当作为补偿主体通过协议、海域使用金或税收等方式向政府部门支付生态补偿费用，用以支付补偿对象的损失。

（2）海洋保护区相关消费者属于次一级的利益相关者。伴随海洋保护区的旅游业发展或其他开发利用活动，必然产生一批消费者，消费海洋保护区的生态环境资源，享受生态服务。作为保护区生态效益的受益者，其应当通过自身消费的物品或服务支付一定的生态补偿费，承担生态补偿责任。普通消费者不可能将这部分费用直接补偿给补偿对象，也不可能直接交付给政府，应当通过其所消费的物品或服务，将这一部分费用由开发利用企业或旅游公司直接向补偿对象或政府补偿支付。

（三）社会主体

海洋保护区生态补偿的社会主体主要是指通过社会捐赠和国际援助等方式对自然保护区进行生态补偿的非政府组织、专家学者、社会公众、国际机构和外国政府等。《中华人民共和国自然保护区条例》规定“自然保护区管理机构或者其行政主管部门可以接受国内外组织和个人的捐赠，用于自然保护区的建设和管理”。《海洋特别保护区管理办法》也规定“国家鼓励单位和个人在自愿的前提下，捐资或者以其他形式参与海洋特别保护区建设与管理”。越来越多的个人、企业和国际机构参与到生态补偿的过程中来，拓展了生态补偿资金来源，成为政府和市场为主导的生态补偿之外的第三种补偿途径。

社会主体作为海洋保护区的补偿主体不具有强制性，社会主体参与到生态补偿中属于公益性质的自愿行为，社会主体的生态补偿行为代表了社会上一部分从海洋保护区建设中获得生态效益的受益个人或组织的行为，其行为对社会的影响较大，是实际存在的利益相关者。

三、补偿对象

补偿对象是与补偿主体相对的概念，海洋保护区生态补偿对象是指因为海洋保护区的建设丧失发展机会而利益遭受损失或作出额外贡献的个人或组织。这一部分主体因为海洋保护区建设而使其利用海洋资源与环境的权利受到限制，为了社会的生态效益而作出牺牲或为保护海洋保护区生态环境作出贡献，在经济上遭受直接或间接损失。为了平衡不同社会主体之间的利益，实现社会公平，应当由获益的群体补偿遭受损失的这一部分主体。

海洋保护区生态补偿的补偿对象一般来说主要包括：地方政府、保护区管理部门、社区内居民和商户、原有的渔业捕捞者和养殖户等。

（一）地方政府

地方政府是海洋保护区所在行政区域的国家机关，与地方经济发展、税收收入等息息相关。按照《自然保护区条例》、《海洋自然保护区管理办法》、《海洋特别保护区管理办法》的规定，在核心区区域内实行严格的保护制度，在其他重要区域实行限制保护，限制活动类型，开展的活动不得对保护区内的保护对象和生态环境造成破坏。海洋保护区的建设无疑限制了当地政府对自然资源的开发与利用，一方面导致财政收入减少，另一方面增加了地方政府的保护义务，如果不对其进行补偿就会造成权利和义务的不对等，不利于调动地方政府保护海洋生态环境资源的积极性，因此当地政府是保护区生态补偿的主要补偿对象。

（二）海洋保护区管理部门

海洋保护区的建设和维护需要大量的资金和人力成本，海洋保护区在建设过程中需要购置设备进行基础设施和相关的管理系统建设，负担运行过程中的维护成本和聘用工作人员的费用等，因此海洋保护区管理部门为海洋生态环境的保护作出了重大贡献，应当对其进行补偿，是核心利益相关者。

（三）社区内一般居民

任何公民都具有利用自然资源以获得自身发展的权利，当地社区内居民对当地自然资源的利用是一项传统权利，也是公民实现其生存权和发展权的保障。由于海洋保护区的建设必然导致那些传统上一直依赖于自然保护区自然资源生活的居民利用海洋资源的权利受到限制，改变原有的生产生活方式，如养殖、捕捞等，使其收入比传统生产方式获得的收入下降，或者与海洋保护区之外相似地区的居民相比，收入下降，属于受损害的一方，因此当地社区内的居民应当都得到相应的补偿，他们是海洋保护区生态补偿的核心补偿对象。不过由于海洋保护区类型的不同，受限制程度有所区别，因此不同保护区类型对当地居民收入水平的影响程度不同，补偿程度也应当有所不同。需要制定科学合理的补偿标准，综合考虑所有有关因素，切实保障社区居民的合法权益。做好海洋保护区内的居民补偿工作对于调动民众参与海洋保护区建设的积极性有重要作用。

（四）原有渔业捕捞者和养殖户

在海洋保护区建设之前，该海域的渔业捕捞和水产养殖从业者是受保护区建设影响最直接的主体。根据海洋自然保护区和海洋特别保护区的不同管理要求，在不同类型的海洋保护区内对渔业生产活动的限制程度不同，但是都会对原有的渔业活动产生影响，要么不能在该海域进行渔业生产，要么限制渔业生产，或者要求转变渔业生产方式，发展生态渔业。这一部分主体比一般的当地居民受到的影响更大，是生态补偿的重点对象。

（五）受影响的企业

由于海洋保护区的建设，海洋保护区周边原有的企业可能由于对海洋保护区的海水水质、空气质量构成污染而对保护对象产生一定影响，需要搬迁或改进生产工艺、购买更为先进的环保设备，应当对这些企业因此而支出的额外费用或遭受的直接经济损失以及在搬迁、设备更新期间的损失等给予合理的经济补偿。

第四节 补偿范围和标准

一、补偿范围

在明确了海洋保护区利益相关者之后，应当明确如何在这些利益相关者之间实现利益的平衡，这就涉及补偿范围，即对哪些主体的何种利益进行补偿和平衡。海洋保护区生态补偿的范围应当包括：为海洋保护区建设和管理作出贡献者的成本补偿；当地居民、养殖户和捕捞者等主体丧失发展机会造成的经济损失；当地政府因海洋保护区建设导致财政收入减少的损失。

（一）海洋保护区建设和维护运营成本

海洋保护区管理部门建设和维护海洋保护区，为海洋生态环境的保护作出了贡献，应当对这一主体为保护生态环境所支出的成本进行补偿，纳入生态补偿的范围。

海洋保护区需要进行基础设施建设，购置管护设施、人员办公设备、科研和检测设备等。这一部分可以按照海洋保护区建设投资概算进行补偿，实际建设成本明显高于预期成本的应当进行资金的二次补充。

海洋保护区建成后，需要聘请工作人员进行管理，工作人员的工资福利、设施的运行维护费用、保护区病虫害防治费用、保护区管理相关科研经费等在保护区运行过程中所产生的所有合理费用都应当属于生态补偿范围内。这一部分可以依据投资预算中的运行维护成本进行补偿，如果没有这一部分预算，可以按照目前全国同类海洋保护区单位面积的平均管理投入和海洋保护区的面积计算海洋保护区管理补偿资金。

（二）当地居民、企业、渔业从业者丧失发展机会的经济损失

由于海洋保护区的建设，当地居民、企业和在该海洋保护区内的渔业生产者不得已部分或全部地放弃利用该海洋资源的机会，转而利用其他资源从事生产经营，由于放弃对该资源的利用产生了经济上的损失，作出了额外的牺牲，这一部分经济损失应当纳入补偿范围。

海洋保护区外迁居民的生态补偿，可以参照我国征地补偿制度，并根据实际测算结果进行适当调整。既考虑外迁居民的物质损失及海洋保护区建立后牺牲的发展权利，保障外迁后的生活水平，也考虑生态补偿支付主体的实际支付能力。参照征地标准进行生态补偿可操作性强，外迁居民的宅基地、房屋、农用地都可以直接参照征地标准测算。在实施过程中，应注意两者之间的区别，需要考虑生态价值、额外保护成本、牺牲的发展机会成本等因素，为外迁居民配套相关补偿措施。

由于海洋保护区建设，原有的一部分企业可能需要搬离，在企业停产搬迁至新的场所开始营业期间产生的经济损失应当予以补偿。补偿的范围包括房屋补偿、设施补偿、机器设备补偿、流动资产补偿、停产损失补偿等，对这一部分的补偿金额需要通过综合评估并结合实际补偿能力确定。

在该区域内从事渔业生产经营的水产养殖户、捕捞者由于被禁止或限制继续进行渔业活动而遭受了一定的经济损失，应该结合该海洋保护区面积内的渔业生产产出量、市场价格，并结合往年的收入水平对其进行适度补偿。补偿年限不宜过长，并根据原有渔业生产者的就业安置情况逐步降低补偿标准。

（三）当地政府的财政收入减少的损失

海洋保护区的建立必定会限制政府开展一些生产生活方面的活动，地方政府会因此丧失经济发展的机会，进而直接影响当地政府的财政收入，因此应当根据往年的财政收入水平和增长速度来确定补偿资金，或通过与周边类似经济发展水平地区的财政收入对比来确定补偿的金额。

二、补偿标准

目前，海洋生态保护补偿的相关标准在国家层面尚未制定出台，但是相关研究在有序推进过程中，将来作为配套的技术标准随海洋生态保护补偿立法的出台而颁布实施。

制定海洋生态保护补偿标准应当遵循科学、合理的要求，运用科学的方法评估海洋生态保护区域生态保护补偿金额。海洋生态保护补偿标准制定的相关工作内容应当包括以下五个方面。

（1）海洋生态保护补偿评估工作的程序。应当包括评估前的准备阶段、调查阶段、评估阶段和评估报告的编写阶段四个程序。

（2）补偿范围的确定。按照已有的研究，海洋生态保护补偿的范围包括两大部分内容：一是海洋生态保护的基础设施建设与维护成本，建设成本具体包括基础设施、管护设施、科研和监测设备等建设项目，维护成本包括管护人员工资费用、资源与环境监测费用、道路维护费用、公安费用等；二是机会成本，机会成本的范围包括个人、企业和政府的经济发展机会成本。

（3）利益相关者的确定。利益相关者的确定也即明确海洋生态保护补偿标准的补偿对象，一般来说海洋生态保护补偿的利益相关者较多，可以采用歇尔评分法：从合法性、权力性、紧密性三个属性上对可能的利益相关者进行评分，根据分值的高低确定某一人或某一群体是否属于利益相关者以及属于哪一类型的利益相关者。利益相关者包括用海项目海域使用人、旅游开发企业、中央及省级地方政府、居民、渔民、搬迁或停产企业、保护区管理机构、地方政府等主体，可以根据权利合法性、是否造成生态损害及程度、取得环境利益或经济利益与否、生态保护成本支出、直接经济损失、机会成本损失等因素设定的分数值来打分，最终确定生态保护补偿的补偿主体和补偿对象。

（4）评估方法的确定。海洋生态保护区的建设成本和维护成本的计算方法相对简单，将各项成本进行相加即可。经济发展机会成本的计算相对困难，涉及的数据广泛，数据的收集、统计以及计算方法需要进行深入的研究。

（5）调整系数的确定。根据评估方法计算得出的补偿标准虽然具有一定的科学性，但是由于地方经济发展的差异以及可能与实际财政实力相差较远，为使补偿标准具有实用性，应当设定一定的调整系数。

目前正在制定中的海洋生态保护补偿标准——“海洋保护区生态补偿评估技术导则”的主要内容包括以下几个方面。

（1）新建海洋保护区的生态保护补偿资金包括因保护区建立导致的直接损失、保护区建设与管护成本以及区域发展机会成本；已建海洋保护区生态保护补偿资金包括建设与管护成本以及区域发展机会成本。

（2）个人和企业直接损失评估。评估由于新建海洋保护区而产生的个人和企业的直接损失。

（3）海洋保护区建设与管护成本评估。海洋保护区建设成本是指因建立海洋保护区以及配备所需的各种设施所产生的费用，具体包括：办公场所及附属设施建设费用，管护设施的建设费用、通信及网络设施的建设费用等。海洋保护区的管护成本是指海洋保护区建成之后，正常开展管理和保护方面各项工作所产生的费用，具体包括：工资费用、受损生态系统修复费用、科研监测费用、宣传教育费用、公务费用等。

（4）区域经济发展机会成本损失评估。评估因海洋保护区建设而导致区域发展权的损失。

第五节　补偿方式和途径

一、补偿方式

海洋生态补偿的方式有多种，主要有资金补偿、工程补偿、实物补偿、政策补偿、技术补偿与能力建设等，其中工程补偿和资金补偿是海洋生态损害补偿最常用的方式，对海洋保护区的生态保护补偿而言，补偿方式主要有以下四种。

（一）资金补偿

资金补偿属于“输血型补偿”，是指政府或补偿者将筹集起来的补偿资金一次性或定期转移给被补偿方。这种支付方式的优点是被补偿方拥有极大的灵活性，作用明显，达到效果的时间短；缺点是可能出现资金发放不到位，滥用补偿资金等问题；补偿资金可能转化为消费性支出，不能从机制上帮助受偿主体真正做到“因保护生态资源而富”[40]。目前，资金补偿是海洋生态保护补偿最主要的也是最常用的补偿方式，可以直接用于补偿海洋保护区的建设与管护成本以及相关利益者的机会成本。

（二）实物补偿

实物补偿属于“输血型补偿”，是指补偿者运用物质、劳力和土地等进行补偿，解决受补偿者部分的生产要素和生活要素，改善受补偿者的生活状况，提高生产能力。与资金补偿相比，可以较为有效地防止被挪作他用，切实将补偿落到实处。例如，我国在退耕还林工程实施初期，实行资金和粮食补助制度，按照核定的退耕地还林面积，在前八年无偿向退耕还林者提供适当的补助粮食、种苗造林费和现金（生活费）补助，国家无偿向退耕农户提供粮食，就属于实物补偿。

（三）政策补偿

政策补偿属于“造血型补偿”。政策补偿一方面是指上级政府对自然保护区的权利和机会补偿，受补偿者在授予的权限内，利用制定政策的优先权和优惠待遇，制定有利于当地经济发展的扶持政策；另一方面是指上级政府在其他政策为了保护生态而限制发展的情况下，做出的适当政策放宽，确保区域整体发展。例如，江苏省在湿地生态补偿中实行生态农业优惠政策，给农民提供技术支持，帮助农民进行绿色农业生产，减少农民对资金补偿的依赖，从输血型转变到造血型，这样既可以增加农民收入，又保护了环境。

对地方进行政策扶持，运用“项目支持”的形式，将补偿资金转化为技术项目安排到受补偿方（地区），帮助生态保护区群众建立替代产业，或者对无污染产业马上给予补助以发展生态经济产业，补偿的目标是提升落后地区的发展能力，形成造血机能与自我发展机制，使外部补偿转化为自我积累能力和自我发展能力。国家可出资建设当地的海洋生态经济产业基地，以增加其海洋保护区的利用效率，进而提高其经济产值，或完善当地的基础设施建设，以增强其招商引资的基础条件，同时可以减免相关税费，提供无息贷款等[40]。政策补偿是一种行之有效的补偿方式，尤其在经济薄弱、资金短缺的情况下显得更加重要。作为保护环境的主导者，上级政府应适当下放权力，为补偿客体地区提供政策补偿，为其筹集所需要的人力、物力提供方便[41,42]，使其能够快速促进环境保护与发展。

（四）技术补偿

技术补偿是指补偿主体开展智力服务，提供无偿技术咨询和指导，对当地居民进行生产培训，提高受补偿居民的生产技能；对海洋保护区工作人员进行技术及管理上的培训，并向其输送各类专业人才，提高海洋保护区的技术含量和管理组织水平。这类补偿在经济落后地区尤为重要和明显，在某些情况下，对受补偿地区进行技术补偿比给予经济补偿更能促进补偿区的经济发展和生态环境的保护[43]。通过对地方海洋保护区的调研发现，在目前海洋保护区的建设和管理中非常需要一批高素质的人才，因此技术补偿对海洋保护区的可持续发展有十分重要的意义。

国家在退耕还林成果巩固的进程中鼓励退耕农民发展后续产业，各地通过多种途径加强对退耕农民的林业生产技能培训，大大提高了退耕农民的增收致富技能，进一步拓展了退耕农民的增收致富门路。

补偿方式的选择应根据当地的经济发达程度，居民的受教育程度、需求等进行选择，因地制宜。对不同的补偿对象可以采用不同的补偿方式，对同一对象也可以运用多种方式进行补偿。对于区域性补偿对象，可以侧重政策补偿或资金补偿；对于生产生活环境受到直接影响的经济体，可以侧重资金补偿或实物补偿；对于经济相对发达地区的补偿对象，可以侧重政策补偿或技术补偿；对于经济相对落后地区的补偿对象，获取收入的途径很少，人口素质不高且思想较封闭，很难采用其他的技术或者培训等形式进行补偿，可以侧重资金补偿、实物补偿[44]。

在实践中，有时会将以上几种补偿方式相结合。如可以将政策补偿和技术补偿相结合，在提高生态移民的生活水平、改进生产方式、增加移民收入等方面大下工夫，一方面加快当地小城镇建设，吸纳因生产生活方式的转变而分解出来的剩余劳动力；另一方面加快基础设施建设，开发新兴产业，培育龙头企业，发展教育，提高移民的整体文化素质，积极地对移民进行技术培训，为移民剩余劳动力的快速转移提供文化保障。

二、区域生态保护补偿途径

区域生态保护补偿在海洋领域主要是指流域—海域间生态保护补偿和海域间生态保护

补偿两种。海洋领域区域生态保护补偿可以借鉴陆域流域生态保护补偿的经验。从现有法律法规以及各地实践看，流域生态保护补偿的方式主要包括三种：财政转移支付、项目补助和个体补偿。从总体上看，财政转移支付和项目补助是目前流域生态保护补偿的主要形式。财政转移支付，即将收取的流域生态保护补偿金通过财政转移的方式由上级政府转移给上游的地方政府，或者在上下游地方政府间通过协商横向支付来实现。项目补助，即通过资助具体项目的方式将生态补偿金用于生态恢复与治理。个体补偿，即通过支付一定数额的金钱直接对为生态保护与建设作出特别牺牲的个体予以补偿。海洋领域区域间生态补偿除了进行资金补偿外，也可以通过项目补助的方式实现，例如在流域—海域间生态补偿中，为减少入海河流携带的入海垃圾，可以通过项目补助的方式在河流的中上游建立生态保护工程，拦截入海垃圾，减少陆源污染物对海洋生态环境的影响。

（一）海域间生态保护补偿

由于海洋生态系统具有整体性和流动性特征，一个地区的海洋生态保护或开发利用活动都会对邻近区域造成积极或消极的生态影响，生态保护者负担的成本及生态利益受损者承担的损失，应当相应地由生态保护的受益地区或致损者承担。具体的补偿方式首选采取协商方式确定，或者通过财政转移支付途径实现补偿。例如，福建省漳州市的东山县和古雷镇间的区域海洋生态保护补偿，由于古雷镇发展化工工业排放的污染物直接对海域环境造成影响，而东山县主要依靠渔业生产发展，经过评估后，双方政府最终通过协商的方式达成由古雷镇补偿东山县 6 000 万元的结果，这个案例是目前海域间生态补偿的一个成功案例。

（二）流域—海域间生态保护补偿

流域和近岸海域是经济、社会、环境复合系统，具有丰富的生产功能和生态服务功能。近年来，随着流域与海岸带地区社会经济的快速发展，陆源污染成为目前近岸海域污染的主要原因，其中，以入海河流（流域）的贡献最大，由流域排入的污染超过污染总量的 80%。因此，加强入海河流的全流域生态环境保护与管理，对上游流域实施污染物总量控制，是控制近岸海域环境污染的主要途径之一。生态保护补偿作为一种重要的环境管理方式，可以成为促进流域—海域生态环境保护的有效激励手段。当前我国流域横向生态补偿机制研究仍然集中在流域上下游层面，流域—海域层面的相关研究尚属罕见。我国流域—海域污染治理和生态补偿机制在理论上和实践中都还存在着一些问题尚未解决，在流域—

海域生态补偿工作中，上游和下游共同担负着保护流域这个共同体的责任，但两者之间的责任分摊到底是平均分摊还是按照一定的比例分摊，是目前生态补偿研究中的热点和难点。如果能弄清双方应该承担什么样的环境责任，那么关于到底应该是“污染者付费”还是“受益者补偿”的争论就会迎刃而解。上游如果完成了自己的环境责任，使得水质达到了预期的环境目标，那就不需要补偿下游；上游如果没达到预期的水质目标，则上游需要补偿下游；如果下游希望上游完成超过他们环境责任的削减任务，则下游应该为上游做出的额外努力进行补偿。因此，上下游之间的环境责任界定是生态补偿问题中的关键。

流域—海域间生态保护补偿是指流域—海域生态保护的受益者对生态保护的贡献者的补偿。健全的流域—海域生态保护补偿机制是增加上游污染治理政治意愿和财政能力的有效机制，是开展流域生态保护补偿实践和有效保护流域下游海洋生态环境的关键，它包含了明确的补偿目标和原则、补偿主客体、补偿标准以及补偿的方式和途径。由于流域—海域各方均是生态保护的利益相关方，都负有保护流域—海域生态环境的责任，因而，并不是相关方所有的生态保护有关支出都必须得到补偿，只有流域—海域各方实施了应履行的环境责任之外的保护活动才应该得到补偿。因此，流域—海域横向生态保护补偿实际上是流域—海域生态保护的受益者对保护者环境责任之外的贡献进行的补偿，即流域—海域横向生态保护补偿标准是流域—海域各方被要求承担的成本与其应该承担的环境责任之差。环境责任可以用应该承担的污染削减成本或者生态保护成本代表。其中，制定成本最低的总量控制方案，并在此基础上明确流域—海域各方环境责任主体（补偿的主、客体）与相关的生态补偿标准，是建立健全流域—海域生态保护补偿机制亟须解决的问题和重点所在。

为达到预定总量控制目标，使流域—海域各子流域单元的污染削减量与削减措施达到最优组合，流域—海域污染物总量控制最优方案的制订可以从如下五个方面开展研究。

（1）子流域的划分。通过流域—海域子流域单元的划分，确定目标水体。

（2）污染物溯源确定。确定污染物排放源、排放量及其污染物种类，如生活污水（城市、农村）、生活垃圾、畜禽养殖、化肥、工业废水等，并确定排放源所在的相关区域。

（3）确定污染削减措施。根据上述污染物排放源的具体情况进行分析，确定不同区域不同污染物排放源所采用的各种污染削减措施，如建立污水处理厂、垃圾填埋场、减少畜禽养殖、减少化肥使用、建设湿地等。

（4）构建模型。结合相关数据资料和理论方法，构建削减成本方程、污染负荷响应方程以及环境目标方程。

（5）确定最优方案。运行上述方程，确定流域-海域污染物总量控制最优方案，实现污染削减/总量控制成本最低化。

其中，模型构建部分具体包括：成本最低的污染削减方案模拟模型、环境责任界定模型、生态补偿标准估算模型。3个子模型建模步骤介绍如下。

（1）建立成本最低的污染削减方案模拟模型，估算要求流域各方承担的污染削减量及相应的削减成本。流域—海域污染削减最优方案是指基于等边际原理，在一定的流域污染削减规模约束下，根据削减措施成本函数和目标水体污染负荷响应模型，利用运筹学方法，模拟确定为达到预定环境目标各子流域的污染削减规模和措施的最优组合。

由于目标水体环境质量不仅受污染排放水平的影响，还受到流域环境特征（如流域水文、水动力、气候、土壤、植被、污染迁移转化等）的影响，所以在不同子流域、采用不同措施（如减少畜禽养殖、建设污水处理厂等）进行污染削减对目标水体污染负荷的影响不同，如上游削减污染比下游削减污染对位于下游的目标水体的影响要小得多。同时，由于流域社会经济发展水平及收益、成本的差异，位于不同子流域的不同污染削减措施的成本也不同，如经济发展水平较低的上游地区削减畜禽养殖的成本比经济发达的下游要低。

该模型得到的是流域污染削减的最小成本，流域各方按照该方案进行污染物削减可以提高污染削减的效率。从整个社会福利最大化的角度出发，可以将此作为要求流域各方承担的削减成本。

（2）建立环境责任界定模型，估算流域—海域各方应该承担的环境责任。流域—海域各方都应当承担生态保护的责任。各方应该承担的环境责任是其现状排放量与可允许排放量（污染排放权）之差，现状排放量可以通过调查得到，所以界定环境责任之前必须确定各方的污染排放权。污染排放权的界定既要考虑公平，又要考虑效率。作为流域—海域共同体的一分子，每个人都有过体面生活的权利。从污染排放的角度看，过体面的生活每个人都有排放污染物的权利；污染物排放权意味着发展的空间，排放权越大必须对社会的贡献越大。

在得到各方应该承担的污染削减量后，可以计算各方应该承担的削减成本，即以污染削减成本表示的环境责任。

（3）建立流域—海域生态保护补偿标准。在得到流域—海域各方被要求承担的污染削减成本和应该承担的削减成本后，计算两者之差，即可以得到流域—海域生态保护补偿标准。

未来需要加快研究并构建一个基于环境责任主体的流域—海域生态保护补偿机制，包括总量控制最优方案和环境责任主体的确定，制定科学合理的生态补偿标准，并在此基础上提出合理的政策建议，为海洋生态补偿管理工作提供技术支撑。

第六节 补偿监管机制

海洋生态保护补偿工作的监督管理是海洋生态保护补偿实施框架（图 6-3）的最后环节，主要包括管理机构及其职责，以及保护补偿资金的使用管理。从管理机构方面的实践来看，2018 年国务院机构改革以前，主要由国家海洋行政主管部门会同财政部负责全国海洋生态保护补偿工作，县级以上地方海洋行政主管部门会同财政部门负责本行政区域内海洋生态保护补偿工作；跨区域海洋生态保护补偿工作由有关地方海洋行政主管部门会同财政部门协商解决或由共同的上一级海洋行政主管部门会同财政部门协调解决。机构改革后新组建的自然资源部管理下的国家林业和草原局统一管理各类型自然保护地，海洋保护区生态补偿管理工作将由其负责统一监管。

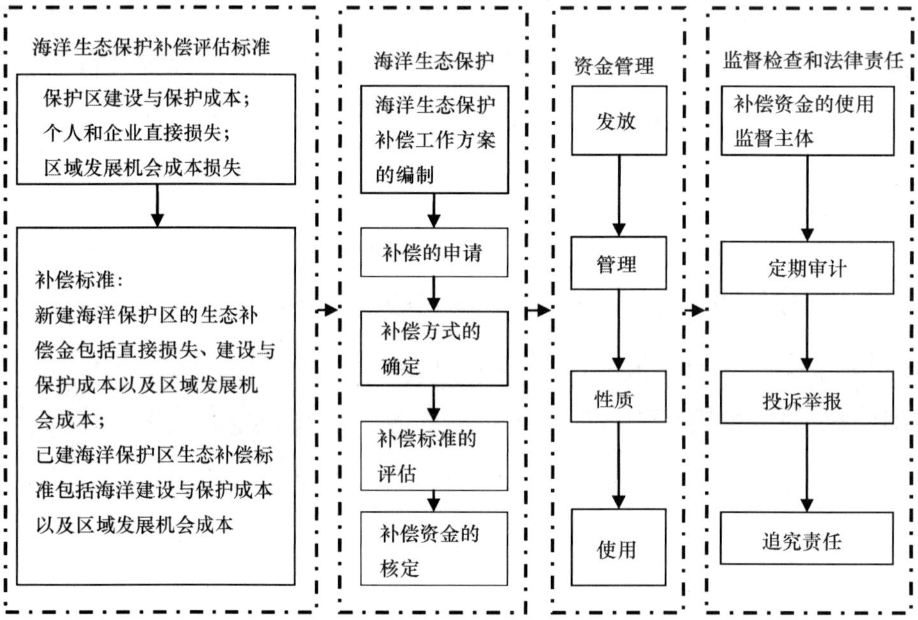

图 6-3 海洋生态保护补偿实施框架

对于海洋生态保护补偿资金的管理与使用，海洋保护区生态保护补偿的运行机制就是其生态补偿各组成要素之间相互影响、相互作用的规律以及它们之间的相互协调的关系，是通过一定的运行方式和途径，把各构成要素有机地联系在一起，以达到海洋保护区生态补偿顺利实施的目的。海洋生态补偿是以保护或恢复海洋生态系统为目的的，可以采取不同的补偿方式，但都离不开资金的筹措（来源）、使用与监督管理。海洋生态补偿金应纳入财政预算，通过建立海洋生态保护专项资金进行管理，并主要用于下列项目或目的：为恢复、减轻海洋生态损害而实施的工程与非工程项目；海洋生态损害的应急监测、损害评估与跟踪监测、后评估；区域性海洋生态保护与污染整治项目及生态救济。因此，在资金筹措和监理上，沿海县级以上人民政府的财政部门可设立海洋生态补偿金、赔偿金专门账户，对资金的收入、支出实施有效监管；在资金使用上，沿海县级以上人民政府的有关主管部门应组织编制海洋生态补偿金的使用计划，按照预算管理的规定纳入财政预算，严格支出管理，接受审计监督。

第七章　海洋生态损害补偿

人类在对海洋资源的开发利用活动过程中，对海洋生态系统造成干扰，可能引起海洋生态系统或生态因子中的某些要素发生变化，这种变化可能在一定程度上导致系统的生态功能下降及服务价值的损失。由于海洋生态环境是一个统一的整体，海洋生态系统提供的服务具有公共物品属性，任何破坏生态环境的行为都将对他人所享用的生态环境造成破坏，生态破坏的后果需要由周边海域分担，而且任意一种海洋资源（特别是空间资源）的利用都可能会与其他海洋资源交织在一起，这使其在利用中不可避免地会产生外部性问题。海洋经济发展中的外部性问题是海洋生态环境保护中不可回避的现象，海洋的博大、丰富、共有、流动性等因素，使国家、企业或个体等使用者习惯了在海洋保护中“搭便车”，若在海洋开发利用活动过程中不能很好地解决外部性，不仅会损害不同用海主体的利益，还会损害全人类共同依存的海洋环境。海洋资源使用与环境保护中的外部性要求进行生态补偿，调整经济活动过程中各个主体之间的利益关系，促进海洋环境保护外部性的内部化，以有效地避免“公地悲剧”和“搭便车”现象。具体说来，根据经济外部性理论，产生外部不经济性的行为人应该承担其生产过程产生的外部成本，向受害者支付相应的补偿，即由责任方对其开发活动造成的生态系统服务损失或者生态损害进行补救或者补偿，这也正是建立和完善抑损性海洋生态补偿（海洋生态损害补偿）的出发点和目的。

第一节　概念界定

针对海洋开发利用活动的生态损害补偿涉及一系列概念和术语，厘清相关概念和术语是加深对海洋生态损害补偿认识的前提和基础。

一、海洋开发利用活动

海洋开发利用活动是指人类对海洋资源的开发和对海洋及其空间的综合利用活动，包括对海洋生物资源、海洋能源资源、海洋空间资源和海洋化学资源等的开发利用。按照开发利用活动的地理范围，海洋开发利用活动包括海岸工程和海洋工程。

根据《防治海洋工程建设项目污染损害海洋环境管理条例》，海洋工程是指以开发、利用、保护、恢复海洋资源为目的，并且工程主体位于海岸线向海一侧的新建、改建、扩建工程。具体包括：①围填海、海上堤坝工程；②人工岛、海上和海底物资储藏设施、跨海桥梁、海底隧道工程；③海底管道、海底电（光）缆工程；④海洋矿产资源勘探开发及其附属工程；⑤海上潮汐电站、波浪电站、温差电站等海洋能源开发利用工程；⑥大型海水养殖场、人工鱼礁工程；⑦盐田、海水淡化等海水综合利用工程；⑧海上娱乐及运动、景观开发工程；⑨国家海洋主管部门会同国务院环境保护主管部门规定的其他海洋工程。

根据国务院《关于修改〈中华人民共和国防治海岸工程建设项目污染损害海洋环境管理条例〉的决定》，海岸工程建设项目是指位于海岸或者与海岸连接，工程主体位于海岸线向陆一侧，对海洋环境产生影响的新建、改建、扩建工程项目。具体包括：①港口、码头、航道、滨海机场工程项目；②造船厂、修船厂；③滨海火电站、核电站、风电站；④滨海物资存储设施工程项目；⑤滨海矿山、化工、轻工、冶金等工业工程项目；⑥固体废弃物、污水等污染物处理处置排海工程项目；⑦滨海大型养殖场；⑧海岸防护工程、砂石场和入海河口处的水利设施；⑨滨海石油勘探开发工程项目；⑩国务院环境保护主管部门会同国家海洋主管部门规定的其他海岸工程项目。

按照海洋开发利用活动对海域使用的方式，可以根据《海域使用分类体系》将海洋开发利用活动分为五类，即填海造地用海、构筑物用海、围海用海、开放式用海和其他用海。

随着海洋经济的发展和海洋资源开发力度的加大，特别是填海造地工程对促进当地经济发展、改变土地利用方式、提高土地利用率等方面都有积极作用，但是对海洋生态环境的负面影响也不容忽视，有时对海洋生态环境的破坏或损害甚至相当严重。

二、海洋生态损害

海洋生态损害，是指人类对海洋的开发利用活动导致海洋生态系统的基本结构和功能的破坏或丧失，造成海洋生境的丧失或受损，生物多样性和生产力下降，海洋生物物种、种群、群落等生物资源的损失以及海洋生态系统服务功能的损害。广义的海洋生态损害包括初级生态损害，即人类活动对环境的损害，以及次级生态损害，即由于人类活动对环境的负面影响而造成的私人身体健康、财产损害和财务损失[45]。对于初级生态损害的补偿/赔偿是公法（如环境保护法、海洋环境保护法等规范）调整的范畴；对传统的次级生态损害的法律责任则属于民法调节的范畴。因此，海洋生态损害补偿主要是针对人类活动造成的初级生态损害的补救。

三、海洋生态损害赔偿与补偿

不同的人类活动都可能造成海洋生态环境的损害，从法学角度看，不同的行为造成海洋生态损害的法律后果或法律责任也是不同的。根据行为的性质，因违法、故意、过失、疏忽等行为，即过错行为造成的海洋生态损害，责任方应当承担损害赔偿责任，以将受损的生态系统恢复到过错行为发生前的状态。通常情况，海洋生态损害赔偿方式以生态修复或者承担生态修复的成本为主，以恢复原状、返还财产等方式为辅，一般通过司法途径解决。根据2016年修改的《海洋环境保护法》第八十九条，“造成海洋环境污染损害的责任者，应当排除危害，并赔偿损失；完全由于第三者的故意或者过失，造成海洋环境污染损害的，由第三者排除危害，并承担赔偿责任。对破坏海洋生态、海洋水产资源、海洋保护区，给国家造成重大损失的，由依照本法规定行使海洋环境监督管理权的部门代表国家对责任者提出损害赔偿要求”。国家海洋局于2014年制定颁布了《海洋生态损害国家损失索赔办法》，以此规范海洋生态损害赔偿工作的实施。

海洋生态损害补偿则适用于非过错行为或经过批准的利用自然资源与环境的人类活动对生态系统造成的损害。由于行为具有合法、非过错的特点，补偿责任是基于法律的公平原则而设立的例外责任，损害责任方因损害环境而获益、社会因为环境损害而受损，基于公平原则，责任方应该对自然生态环境进行补偿或者补救①。目的在于为因公共利益而遭受损失的公民、法人或其他组织提供补救，以体现公平负担的精神。海洋生态损害补偿的方式通常以货币补偿形式为主、工程补偿形式为辅，一般通过行政途径解决。

海洋生态损害赔偿和补偿的区别还体现在承担责任的时间上，赔偿以损害的实际发生为条件，而补偿既可以在损害发生前，也可以在损害发生后。原因在于，海洋生态环境损害的发生具有累积性、潜伏性等特征，生态损害的认定不以所造成的破坏达到一定程度为必要，环境损害即使未达到一定程度，但实际上生态系统也受到了破坏，在损害发生前采取补偿措施的初衷一方面是为了预防不可逆转性的生态损害，另一方面是当事后对环境损害的赔偿和处罚不足以实现对环境的恢复时，事前的补偿责任履行可以确保对损害的充分修复。

四、海洋生态损害补偿的内涵

海洋生态损害补偿是海洋生态补偿的第二种类型，即抑损性补偿，是指海洋自然资源的使用者或开发利用者在获取利益的过程中，需对其使用过程中不可避免造成的海洋生态损害进行恢复或补救。根据海洋生态补偿相关理论与实践，结合我国海洋环境保护现状，海洋生态损害补偿的具体内涵是，海洋开发利用者在合法利用海洋资源的过程中造成海洋生态损害，依法对海洋生态系统服务损失进行补偿，由作为自然资源所有者和管理者的政府代表整个社会对海洋生态损害的责任方进行求偿，将海洋开发利用产生的负外部性成本内部化，激励损害主体减少开发利用行为带来的外部不经济性，并将所征收的费用（或开发活动的生态环境外部性成本）直接用于补偿受损害的海洋生态环境，或者转移到因资源环境开发利用或保护资源环境而自身利益受到损害的主体的过程，达到保护生态环境和资源的目的。

海洋生态损害补偿以维护海洋生态环境健康，可持续利用海洋生态系统服务，实现社会和谐发展为根本目的，以实现海洋生态环境的零损失或最小影响、平衡开发利用和保护行动为直接目标。我国海洋生态损害的预防和救济途径由具有多层次特征的治理方案构成，首先是针对具有重要保护价值的海洋生态系统，通过禁止开发利用活动来恢复海洋生态健康，保证其完整性和不受负面影响；其次，针对海洋开发利用活动不可避免的生态影响，实施一系列积极的保护、修复或重建措施，以补偿受损海洋生态系统；再次，通过实施大规模的生态修复和恢复活动，抵消海洋开发利用活动对海洋生态环境的不利影响。总之，海洋生态损害补偿应以海洋开发利用活动为对象，以管理和补偿开发利用活动直接影响区域的生态系统为原则，以修复或恢复受损海洋生态环境为核心展开制度设计和立法工作。

第二节　法律基础和功能定位

一、合法性基础

虽然海洋生态补偿制度大多从经济学理论来引导，目前针对海洋开发利用活动的生态补偿并未建立明确、充分的法律依据，但法学中的公平正义理论和权利义务本位理论为海洋生态损害补偿提供了必要的法学理论基础。

公平与正义是法学一直追求的价值目标，“法律通过分配权利义务以确定正义，惩罚违法犯罪以保障正义，补偿受害损失以恢复正义”[46]。环境公平与正义是构成社会公平的一个必不可少的部分，环境公平是指人们都享有利用环境资源，开发环境资源的同等权利，同时也应当履行保护环境资源的同等义务[47]。环境公平与正义既强调应当消除破坏环境的行为，又强调应当保障人类的基本的生存与发展，合理、公平地分配社会主体的环境权利和义务。生态补偿伦理是一种把公平正义与利益共享从一部分人扩展到全人类，从现代人扩展到后代人的一种伦理观。海洋生态损害补偿主要是从环境公平的角度出发来体现公平正义的理念，确保通过政府公共政策安排，人类在享有海洋开发利用权利的同时，切实履行保护、恢复生态环境的责任，保护好子孙后代生存的环境，达到权利和义务的平衡，最终体现环境公平。可以说，海洋生态损害补偿的本质也是环境公平问题，是以法的公平正义价值为基础。

环境法是随着日益严峻的能源危机、资源衰竭、环境污染等危及人类生存而产生的，通过调整人与人之间的关系，最终调节人与自然的关系。环境法的终极目标是实现人与自然的协调发展。人类对环境资源的保护、恢复是一种必然责任，这种责任的落实体现为对参与保护和恢复受损环境资源各主体的行为予以规范，因此保护生态环境在人与自然的关系中是义务，而非权利。从权利义务的功能上来看，环境法也是以义务为本位的，即在法律上设定环境义务—政府执行法律—义务主体履行环境义务，要求所有的人对自己的行为负责，把保护环境作为法定义务去履行，有力地维护资源环境健康。海洋生态损害补偿法律制度中，补偿主体和补偿受体都是环境保护的义务履行方，补偿主体的支付行为是间接地履行本来的义务，补偿受体将受偿资金转移用于生态修复和环境建设行为是直接履行义务，这也是生态损害补偿制度的合法性基础。

二、功能价值

法律的功能，是指法律作为一个体系或部分，在一定的立法目的指引下能够通过自身运行造成一定客观后果，并有利于实现法律价值，从而体现其对于社会系统运作的特殊作用。法的基本功能包括预测、评价、指引、激励、警示、制裁等，其基本功能的发挥是通过调整特定的社会关系或权利义务关系来实现。海洋生态损害补偿的功能价值主要体现为三个方面。

（一）预测和预防功能

随着海洋资源的开发和利用强度加大，不合理的、粗放的开发利用方式导致海洋生态环境持续恶化，生态平衡受到威胁，实行海洋生态损害补偿制度不仅有利于对传统的资源开发利用手段进行遏制，也可以根据针对开发利用活动的生态环境风险及影响评估，贯彻预防性原则，采取预防性措施，保护海洋生态资源，保证生态安全。其次，通过确立海洋生态损害补偿法律制度，明确界定利益相关主体的权利义务关系，明晰各自的责任，使行为主体对其行为结果有一定的预期，进而更好地指导补偿主体的行为。

（二）指引和警示功能

海洋生态损害补偿制度的宗旨是为了规范海洋开发利用活动，维护海洋生态系统健康，通过对海洋开发利用者提出明确具体的补偿要求，指引开发利用主体抑制不合理的开发活动，采用生态友好的开发方式，指引地方经济发展不以牺牲环境为代价换取效益。海洋生态损害补偿法律制度的有效实施还可以发挥一定的教育警示或示范作用，促使海洋开发利用和海洋经济朝着协调、可持续的方向发展，实现人与自然和谐发展的目标。

（三）协调和保障功能

海洋生态损害补偿制度通过将海洋开发利用的生态外部性成本内部化，平衡和协调开发者、使用者或受益者与受害者之间的利益关系，赋予相关利益主体以补偿权利和义务，实现人对环境的责任。同时，建立海洋生态损害补偿制度可以拓展生态保护资金的来源渠道，如通过生态补偿税费、生态基金、政府财政转移支付等等，化解资金不足的缺口，提供财政保障。

总之，海洋生态损害补偿制度在海洋环境保护领域的功能价值毋庸置疑，构建海洋生态损害补偿机制是保障海洋资源有序开发与保护海洋环境的有效手段，是平衡不同海洋权益主体的利益的基本制度，也是弥补市场失灵解决生态成本外部性问题的有效制度。

第三节　适用范围和原则

一、适用范围

法律的调整范围是指法律所调整和规范的社会关系。每部法律都有其特定的调整对象和所要解决的问题。立法过程中首先需要规定调整对象和范围，使该法所要解决的问题和所要规范的社会关系成为明确的有限的目标，防止范围无限扩大或不确定而无法解决问题，同时，还应确立解决问题和建立制度的理论基础和前提条件，防止不同理论在法律条文中的冲突。

基于海洋生态损害补偿制度的功能定位，海洋生态损害补偿立法的首要任务是明确其适用范围和调整对象。海洋生态损害补偿的核心内容是人对受损的海洋生态系统进行修复和恢复[①]。补偿是立足于海洋自然生态属性的，旨在维持海洋资源的可持续开发利用，恢复海洋生态系统功能，并非传统意义上对直接的海洋经济利益受损的利益主体的赔偿。因此，海洋生态损害补偿的调整范围应当是对海洋开发利用活动中导致的受损海洋生态功能的修复或补偿，但是，并非符合这一条件的调整对象都属于海洋生态损害补偿的适用范围，还需要基于海洋生态损害补偿所要解决的具体问题和现有法律规定，进一步地界定这类调整范围所包含的主要要素。

一是造成海洋生态损害的行为须为依法开展的海洋开发利用活动，包括合法的或经过批准的海洋工程和海岸工程建设项目等开发利用活动。而对于海上及海岸污染事故、违法开发利用海洋资源等行为，根据现有海洋环境保护、污染防治等相关法律法规，应当承担的法律责任较为明确，包括恢复原状、排除危害、赔偿损失、没收违法所得、罚款等行政

① 生态恢复就是恢复生态系统合理的结构、高效的功能和协调的关系。生态恢复的目标是把受损的生态系统返回到它先前的、或类似的、或有用的状态，最终使受损的生态系统明显地融合在周围的景观中、或看上去类似、或起的作用像某一熟悉且可接受的环境。参见李博．生态学［M］．北京：高等教育出版社，2000：360。

责任和民事责任[①]。对于依法开展的海洋开发利用活动造成生态环境损害的，相关法律法规原则性规定了“一切单位和个人都有保护海洋环境的义务”、“开发利用海洋资源，不得造成海洋生态环境破坏”等生态保护的法定义务，关于承担的责任方面强调对于事后的处罚和补救措施，包括责令限期改正和采取补救措施、罚款、没收违法所得，对于“给国家造成重大损失的”海洋开发利用活动则应当承担生态损害赔偿责任（参见《海洋环境保护法》第七十六条、第八十九条）。因此，海洋生态损害补偿适用范围应当是在我国管辖海域内依法开展的海洋工程、海岸工程和其他可能对海洋生态产生影响的海洋开发利用活动，但是导致海洋环境污染或生态破坏，并造成国家重大损失的用海活动除外。

二是所造成的海洋生态损害程度方面，这种损害应当是开发利用过程中附带发生的必然性后果，包括海洋生态系统的基本结构和功能的破坏或丧失，海洋生物物种、种群、群落等生物资源的损失以及海洋生态系统服务功能的减损等，主要是指初级生态损害。这种损害在程度上应当是不超出海洋生态系统的自然承载力，在海洋生态系统可以自我恢复或者通过人为干预可以修复范围内的有害影响。

三是关于修复和整治等补偿形式及内容，海洋环境保护相关法律法规中关于保护、修复和治理的内容包括三类。

（1）开发者的还原性修复，即根据“谁开发谁保护，谁使用谁付费”原则，自然资源的开发利用者对因自己的开发利用活动造成的生态破坏进行的还原性修复，是开发者在取得开发权利时，应负有的对开发对象的主要责任和义务，与实施开发权利、取得开发利益直接对应，例如渔业资源增值养护费的征收，实际上是国家基于对海洋自然资源的所有权而产生的资源性经济权利；海域使用金，包括空间资源占用收益和生态环境损害成本两部分，后者属于对国家海域资源的生态价值补偿，亦是国家海域自然资源所有权在经济上的体现。

（2）污染者的治理性修复，即使用者的污染治理，根据“谁污染谁付费，谁污染谁治理”原则，直接向海洋排放污染物的单位和个人，必须按照国家规定缴纳排污费，专门用于海洋环境污染的整治。《海洋环境保护法》第九章、《防治海洋工程建设项目污染损害海洋环境管理条例》第七章等还对违反相关法律法规造成海洋环境污染损害的法律责任进行

① 例如，《海域使用管理法》规定，未经批准或者骗取批准，非法占用海域的，责令退还非法占用的海域，恢复海域原状，没收违法所得，并处罚款。根据《海洋环境保护法》，造成海洋环境污染事故的单位，依法承担赔偿责任，并处罚款，对严重污染海洋环境、破坏海洋生态，构成犯罪的，依法追究刑事责任；造成海洋环境污染损害的责任者，应当排除危害，并赔偿损失。违反《防治海洋工程污染损害海洋环境管理条例》相关规定，造成海洋环境污染损害的，责任者应当排除危害，赔偿损失。

了明确规定，包括排除危害并赔偿损失，责令停止建设、运行，限期恢复原状，责令限期改正和采取补救措施等行政责任和民事侵权责任。污染者的治理性修复有两个条件，一是污染者在追求自己利益时实施了向环境生态系统排放有毒有害物质的行为；二是该种行为产生了损害生态环境的后果。

（3）损害者的功能性修复，或者说使用者的生态损害修复，根据“谁破坏、谁修复”原则，自然生态和环境资源的使用者在开发利用过程中对可能造成损害的生态系统进行保护修复或补救措施，如《防治海岸工程建设项目污染损害海洋环境管理条例》第二十二条规定的通过异地繁育、建造过鱼设施等补救措施保护野生动植物生存环境。广义上的功能性修复还包括消极地禁止开发利用活动以保护恢复重要的生态系统，如海洋特别保护区内严格控制各类建设项目，《海洋特别保护区管理办法》第二十四条规定“经依法批准在海洋特别保护区内实施开发利用活动者应当制订并落实生态恢复方案或生态补偿措施，区内外排污及围填海等活动造成海洋特别保护区生态环境受损的应当支付生态补偿金”；第三十八条规定“海洋特别保护区内严格控制各类建设项目或开发活动，符合海洋特别保护区总体规划的重点建设项目，须经保护区管理机构同意后，按照相关法律法规的要求进行海洋工程环境影响评价和海域使用论证。海洋工程环境影响报告和海域使用论证报告应当设专章编写生态环境保护、生态修复恢复和生态补偿赔偿方案及具体措施”。

综上，根据我国《海洋环境保护法》第二条适用范围的规定，在我国管辖海域或沿海陆域内从事影响海洋环境活动的单位和个人，都应遵守《海洋环境保护法》的规定。海洋生态损害补偿旨在规范所有对我国管辖海域生态产生影响的用海行为，包括了海岸工程和海洋工程，充分体现对海洋生态系统全面保护的陆海统筹原则。此类用海活动满足两个基本条件：一是依法开展的用海活动，而未经批准的、非法的用海活动或突发事件造成的海洋生态破坏和损害依《海洋环境保护法》追究相应的法律责任；二是对海洋生态产生影响的用海活动，但是违反法律法规导致海洋环境污染或生态破坏，并造成国家重大损失的用海活动，适用海洋生态损害赔偿的相关规定，也不在损害补偿立法的调整范围之内。

二、补偿原则

海洋生态损害补偿是平衡用海主体海洋资源开发利用和生态保护的权利义务关系的环境管理手段。海洋环境保护相关政策文件和法律法规中对海洋开发利用活动所造成生态损害的补偿提出了原则指导。2007 年原国家环保总局《关于开展生态补偿试点工作的指导意见》（环发［2007］130号）中明确了生态补偿试点工作应坚持“谁开发、谁保护，谁破坏、谁恢复，谁受益、谁补偿，谁污染、谁付费”的原则，“谁开发谁保护，谁破坏谁恢复”反映了开发利用主体应当坚持开发与保护并重，承担环境外部性成本的要求，以及开发利用者应当对其破坏的生态环境进行恢复治理的义务。根据《环境保护法》第五条“环境保护坚持保护优先、预防为主、综合治理、公众参与、损害担责的原则”，第六条“一切单位和个人都有保护环境的义务。企业事业单位和其他生产经营者应当防止、减少环境污染和生态破坏，对所造成的损害依法承担责任”，以及《海洋环境保护法》第二十四条“国家建立健全海洋生态保护补偿制度。开发利用海洋资源，应当根据海洋功能区划合理布局，严格遵守生态保护红线，不得造成海洋生态环境破坏”，因此，“谁开发谁保护”原则强调用海主体在开发利用过程中应履行生态补偿义务，采取行动减轻并且/或者抵消其开发活动对生态系统造成的影响，体现了保护优先和预防为主原则的要求；“谁破坏、谁恢复”原则强调用海主体应承担环境外部成本，对其开发利用活动造成的生态破坏和损害履行修复和恢复的义务与责任，以保护生态功能和生态系统价值；另外，对于海洋生态损害补偿，还应坚持“谁损害谁补偿”的具体原则，符合损害担责原则的宗旨，确保海洋开发利用主体的权责统一，体现环境公平和社会公平。

根据《环境保护法》第三十条，“开发利用自然资源，应当合理开发，保护生物多样性，保障生态安全，依法制定有关生态保护和恢复治理方案并予以实施”。海洋生态环境和自然资源是国家所有，开发利用主体必须对其所造成的生态损害通过有效的修复治理或提供充足的资金保障等形式进行充分补偿，维持海洋生态系统健康的原状，才能弥补或抵消其海洋生态破坏造成的生态价值损失，这也是出于社会公平的需要。

第四节　补偿主体和客体

海洋生态损害补偿法律制度建立的目的是为了保护海洋生态环境，减轻或消除海洋开发利用活动对海洋生态的破坏与损害。通过识别并分析利益相关者的利益增损关系，进而确定海洋生态损害补偿法律关系的主体和客体。

生态补偿法律关系的主体分为“给付主体”和“接受主体”。在“抑损性”的海洋生态损害补偿中，海洋自然资源开发利用过程中因资源耗损或环境质量退化而直接受害者，或者为了提高生态系统服务功能作出贡献者，是补偿的接受主体，或者说是补偿权利主体，而国家作为海域自然资源的所有人和作为海洋生态系统服务功能的行政管理者，一方面代表生态利益“受害方”的全体社会成员应当获得因开发利用海洋生态资源而受益者提供的补偿，另一方面作为管理者履行生态系统服务功能修复和整治义务的社会成本应当由造成海洋生态损害的责任方予以补偿。因此，国家和相关政府部门是直接的利益相关者，作为补偿接受主体有权利要求自然资源的合法开发利用者通过进行修复恢复或支付生态补偿金等方式给予补偿。

自然资源的合法开发利用者对海洋生态环境造成的损害应当予以补偿，因而是给付主体，即补偿义务主体。补偿主体与破坏或损害主体是相一致的，即特定主体在海洋开发利用过程中对生态环境造成了负外部性影响或从中受益，则有义务进行修复和补偿。

海洋生态损害补偿的客体是指海洋生态损害补偿法律关系主体权利和义务所指向的对象。根据前文对生态补偿法律关系的分析，生态补偿法律关系的客体应为生态补偿行为结果，生态补偿行为结果的具体实现形式有经济形式（金钱、实物）与非经济形式（提供技术、能力建设、劳动力安置、政策优惠等）。据此，海洋生态损害补偿法律关系的客体可以通过给付主体缴纳补偿金或通过生态修复的形式实现对受损海洋生态环境的补偿。

第五节　补偿方式

海洋生态损害补偿的补偿方式是指补偿手段或补偿方法，具体而言就是造成生态损害的当事人一方向遭受损害的一方用什么补偿，如何补偿，以什么方式补偿的问题。生态补偿方式多种多样，根据不同的分类依据可以有不同的划分。

根据补偿的具体表现形式，可分为工程补偿和经济补偿两大类。

一、工程补偿

海洋生态损害补偿制度建立的目的，是促使海洋开发利用活动主体在开发的同时保护海洋生态，并修复和恢复被损害的海洋生态环境，维护海洋生态系统的完整性，所以最佳的补偿方式是通过工程补偿方式将受损害的海洋生态环境恢复至未损害前的状态，或者通过异地重建、替代性方式获得等同价值的资源和生境。根据我国海洋环境保护相关法律规定，对于开发利用海域资源，要求采取严格的生态保护措施，对于环境污染或生态破坏造成的损失，也是首先要求相关责任人采取有效措施，解除或者减轻危害，对已遭到破坏的海洋生态，应当进行整治和恢复。可见，针对海洋开发利用活动造成的海洋生态损害，补偿方式原则上应当采取工程修复措施进行补偿。

海洋生态损害工程补偿可以分为资源补偿和生境补偿。资源补偿作为海洋生态补偿的一个重要组成部分，在我国已经过了大量实践，例如，面对近海渔业资源的不断下降，为增加近海资源量，早在 20 世纪 80 年代，我国就开始采取人工增殖渔业资源的措施，先后在渤海、黄海实施中国对虾的生产性增殖放流，取得了明显的经济效益和生态效益[48]。生境补偿是对海洋生态系统功能的补偿，例如，为了改善海洋生态环境，2001 年开始实施的“渤海碧海行动计划”；为了恢复和改善海洋生态环境、增殖和优化渔业资源，通过建设人工鱼礁对渔业生境进行补偿。

二、经济补偿

经济补偿方式通常适用于在工程补偿无法实行或不适宜的情况，包括海洋开发利用主体由于专业性不足，工程补偿难度大，无法达到预期补偿效果，或者由于海洋流动性特征，海洋开发利用活动所造成的生态损害往往不局限于活动所在地，可能造成跨区域的海洋生态损害，生态补偿需要整体性的考虑。基于上述情形下进行工程补偿的局限性，补偿义务人可以通过交纳补偿金、支付税费等形式承担海洋生态损害补偿责任，由海洋主管部门对受损海洋生态环境统一进行修复和整治。

经济补偿强度确定的前提是海洋资源价值能够得到确定，而对于自然资源价值的确定，在我国尚处于介绍引进国外相关理论、借鉴应用各种评估方法的初级阶段，海洋生态环境和自然资源的经济补偿标准很难一步到位，而且海洋生态资源的生态、社会效益价值和价格计量具有复杂性，所以应该先将补偿机制建立起来，对于经济补偿强度可根据当地经济发展水平、收入水平、价格水平等实际情况量力而行。目前已经开展实践尝试的经济补偿主要有行政收费、支付保证金、协商支付补偿金、自主设立补偿基金等途径。下面简要介绍并分析各种途径在立法上的可行性。

（一）征收税费

主要是由国家根据“污染者付费”原则，为了矫正环境问题的负外部性，向开发利用自然环境资源的单位和个人征收的税费。我国已于 2016 年通过了《环境保护税法》，并于 2018 年 1 月 1 日起正式施行，针对直接向环境排放应税污染物的企业事业单位征收环境保护税，以达到减少环境污染的目的。我国《海洋环境保护法》中也明确规定：直接向海洋排放污染物的单位和个人，应缴纳排污费（依照法律规定缴纳环境保护税的，不再缴纳排污费）；向海洋倾倒废弃物，应缴纳倾倒费；排污费和倾倒费专款用于海洋环境污染的整治。环保税和排污费、倾倒费都是海洋生态损害补偿的重要资金来源。

除了针对海洋排污征收的税费，还有法定的自然资源费，即政府部门以保护、恢复和有效利用海洋自然资源为目的向资源开发利用人收取一定的费用。如《海域使用管理法》中规定的海域使用金、《渔业法》中规定的渔业资源增殖保护费等都属于自然资源费，主要的用途是维护海洋生态系统资源的可持续性开发利用，一定程度上发挥了海洋生态补偿的重要功能。

另外，还可以征收海洋生态损害补偿费，即为了防止海洋生态破坏，向海洋生态环境资源的开发利用者征收一定的海洋生态损害补偿费，用于建立海洋生态损害补偿基金，专门用于海洋生态环境的治理和恢复。我国率先开展海洋生态损害补偿费实践的是山东省，针对海洋工程、海岸工程等导致海洋生态环境改变的，征收海洋生态损失补偿费。但是，从全国范围开征海洋生态损害补偿费面临的最大问题是国家没有明确的法律依据，地方立法的尝试在法律效力上层级较低，需要首先从国家层面完善征收海洋生态损害补偿费的合法性依据和法律基础。

对生态补偿进行行政性收费，可以为政府调整社会收入分配，弥补市场机制的不足，提供准公共物品予以保障，体现了现实的客观需求，同时还体现了“受益者付费”的原则，具有理论上的正当性。通过生态补偿行政性收费，可以解决资金来源单一、依赖国家财政易受到预算影响的困境，从而实现生态补偿资金的长期稳定供应。

生态补偿的行政性收费在征收和使用环节存在一些难点。收支分开、专款专用是我国财政部对于行政性收费征收设置的目标，实际中，由于行政性收费涉及众多领域，管理分散，财政部很难对不同征收主体进行有效的财政控制，将生态补偿作为行政性收费的主要问题是征收标准过低、征收不规范、监管不到位，不能保证生态补偿行政性收费的足额充分征收。从支出的角度看，相关使用范围的规定比较笼统，容易出现挤占、挪用的现象，主要的困难在于如何保证专款专用和提高收费的使用效率。另外，结合国家“放管服”改革工作要求，以及整治涉企行政收费、减轻企业负担的相关政策，对海洋开发利用活动的用海企业增收海洋生态补偿费，可能与其他环保收费或征税项目存在重复或交叉，会增加企业负担，执行难度较大，且不符合国家环境保护税费改革的发展方向。

（二）政府性基金

我国在海洋生态损害领域的政府性基金主要的实践集中在船舶油污损害赔偿基金上，但其并不是专门的海洋生态损害补偿基金。在其他领域中存在的生态补偿基金有中央森林生态效益补偿基金和森林植被恢复费，前者主要资金来源是中央财政拨款，后者主要是针对采矿、修路、水利和电力等建设工程征收的非税收入环境费，这种复合型的资金来源，既体现了“谁破坏、谁补偿”的原则，对责任人具有一定的惩戒作用，又能够在政府领导下开展综合性、累积性生态损害的治理工作，确保了资金的长期、稳定和充分供应，具有明显的制度优势。建立海洋生态补偿基金是解决海洋生态补偿资金的筹集、使用和管理的理想方式之一。

政府性基金作为一种具有扩张性质的财政收支工具，历史上一度被滥用。2013 年国务院办公厅发布了关于实施《国务院机构改革和职能转变方案》任务分工的通知（国办发［2013］22 号），“取消一批不合法不合理的行政事业性收费和政府性基金项目，降低收费标准”，虽然经过几轮清理，我国政府性基金现在规模依然偏大，在经济领域设立的政府性基金过多，应当被清理整顿的没有被及时清理，挤占了具有正当设立需求的社会领域政府性基金的生存空间。国务院和财政部对于设立新的政府性基金一直持审慎态度，这种情况增加了设立海洋生态补偿基金的审批难度。

我国尚无政府性基金的基本立法，已有的财政部部门规章的法律效力层级太低，设立政府性基金存在着法律依据的正当性问题。根据现行的《政府性基金管理暂行办法》（2010 年）规定，政府性基金设立的依据是法律、行政法规和中共中央、国务院文件，目前除了森林领域的政府性生态补偿基金是根据《森林法》设立的，其他领域众多政府性生态补偿基金的立法依据不规范，立法层次和效力太低。由于我国生态补偿条例以及政府性基金统一立法的缺失，海洋生态损害补偿政府性基金的设立、征收、使用和监管等方面的现有法律依据不足，在目前阶段海洋生态补偿基金方式的现实可行性较低。

（三）保证金

目前，保证金（或监管账户）方式在陆地矿山环境治理中已有实践尝试，主要是矿山环境治理恢复保证金，属于为了监督或约束义务主体履行生态环境保护与修复治理的责任而采取的一种资金保证。海洋生态损害补偿的保证金或监管账户模式，是指海洋开发利用主体将特定数额的补偿所需资金存入银行监管账户，由监管部门、监管银行和用海主体三方签订补偿资金监管协议，按照“企业所有、政府监管、专款专用”原则，由政府部门监管用海主体按照规定预提和使用资金用于其开发利用活动所造成海洋生态损害的修复治理。

保证金（监管账户）的优势是促使企业根据协议履行责任。对政府而言，形式上没有新增收费项目，对于资金使用的监管，可以是企业本身使用，也可以监管机构根据协议委托使用，还起到对企业的监管和约束。这种形式应用于生态补偿领域已经积累了一定的国家和地方实践，符合国家对自然资源可持续利用和保护的基本政策，且没有设立基金、税费那样的复杂程序与较长的审批时间，执行起来相对容易。但是，也存在劣势，保证金或监管账户仅仅是一种合同履行的金钱保证，不是法定担保方式，而且不能为综合性海洋生态补偿的实施提供稳定的资金来源，还需要与其他资金来源方式相结合，发挥政府统筹指导作用，促使开发利用主体有效履行义务。

（四）协商支付补偿金

与强制性征收补偿金相对而言，协商支付补偿金的方式主要是对于补偿金的数额是基于政府部门和补偿义务人根据相关参考标准协商达成的，而非明确固定的数额，主要是基于地方和企业发展水平与承受能力方面的考虑，同时兼顾发展与保护的权利和利益平衡。地方层面已有采取协商支付补偿金的方式开展海洋生态损害补偿的实践，例如，浙江省通过与用海主体签订涉海工程海洋生态补偿合同的形式协商确定海洋生态修复补偿资金；福建省厦门公铁大桥生态补偿金的数额也是由具有自觉性与主动性的企业与政府双方协商确定的，全部用于厦门珍稀海洋物种尤其是中华白海豚的保护工程，再以政府招投标的形式落实相关的工程措施。综合来看，协商性补偿途径在没有海洋生态损害补偿专门性法律依据的情况下，可以有效缓解政府生态保护补偿的资金压力，也可以为企业自觉履行海洋生态保护和修复义务与责任提供一种可接受的灵活性方式。

（五）设立企业基金

海洋生态损害补偿的主要内容是海洋开发利用主体通过对受损的海洋生态系统履行修复和恢复责任，以承担其开发利用活动的环境外部性成本。根据2007年国家环保总局《关于开展生态补偿试点工作的指导意见》（环发［2007］130号），环境和自然资源的开发利用者要承担环境外部成本，履行生态环境恢复责任。因此，用海活动的相关企事业单位应当将海洋生态损害补偿的成本列入开发利用活动的生产、运营成本核算。参照国家关于矿山环境治理的改革实践，根据2017年国务院《关于印发矿产资源权益金制度改革方案的通知》（国发［2017］29号）要求，由矿山企业设立矿山环境治理恢复基金，按照销售收入的一定比例计提，计入企业成本，由企业统筹用于开展矿山环境保护和综合治理，这种方式可以应用在海洋开发利用活动的生态环境修复治理中，由涉海企业自主设立海洋生态损害修复补偿基金，统筹用于受损海洋生态环境的保护和修复，由海洋主管部门加强事前、事中和事后监督，结合用海企业环保信用管理制度和公众参与等保障机制的支持，多方推进海洋开发利用走向生态、环保型的发展道路。

（六）第三方治理途径

保证金（监管账户）方式实际上是开发利用者自行修复海洋生态环境，除此，还可以采取委托有能力的第三方机构开展生态修复和整治的形式履行其生态补偿的相关义务。当海洋开发利用活动的主体无能力自行进行修复，或者由其自行修复不利于海洋生态系统整体性的保护时，可以通过向有资质和修复能力的第三方机构支付必要费用，委托其对开发利用活动造成的海洋生态损害进行修复和整治，即第三方环境治理机制。采用这种形式，开发利用者（委托方）仍然承担生态修复的主体责任，第三方治理机构（受托方）按照有关法律法规标准以及委托要求，承担约定的修复治理责任。根据《国务院办公厅关于推行环境污染第三方治理的意见》（国办发［2014］69号），推动建立污染者付费、第三方治理的新机制，能够吸引和扩大社会资本投入生态环境治理，推动环保服务市场化机制的形成，通过专业化的治理手段提升生态环境治理的效率。

同时，由于我国第三方环境治理机制刚刚兴起，环境保护部于2017年9月发布了《关于推进环境污染第三方治理的实施意见》，但是行业和地区试点示范经验尚不成熟，需要政府主管部门在引入第三方治理机制过程中强化引导和监督作用。一方面可以通过对修复治理程序、修复计划、期限等方面加强监管和指导，确保生态补偿责任主体严格依法，提升其违法成本；另一方面也要加强对第三方治理机构的引导和监督，可以通过信用评价管理制度、信息公开、激励政策等相关的配套政策和制度来规范第三方治理行业的运行秩序，确保生态环境治理的质量和效果。

综合参考和借鉴国际上先进国家的已有经验和做法，结合我国的国情，海洋开发利用活动的生态损害补偿机制建设的重点在于补偿方式的设计，首先，虽然以行政事业性收费方式来征收海洋生态补偿费对于落实污染者付费原则是较为直接和适当的方式，但是目前的政策背景和实施条件并不充分；其次，政府性基金的方式在当前政策环境收紧和相关法律依据不足的情况下，其设立空间非常狭窄；最后，其他两种方式——保证金（监管账户）和第三方治理的途径，在促进义务主体履行责任和发挥社会力量形成多元化长效补偿机制方面各具优势，二者宜相互结合、互为补充，灵活适用，既符合现阶段建立海洋开发利用活动生态损害补偿机制的紧迫性要求，也可为未来法律制度的进一步丰富完善奠定基础。

第六节　补偿标准

一、评估方法

海洋生态损害补偿的相关标准和规范是海洋生态损害补偿制度的重要组成部分和技术支撑。补偿标准的合理确定，是保障生态损害补偿机制得以顺利有效实施的一个重要前提，更是实现海洋生态补偿公平正义价值目标的关键。海洋生态损害补偿相关的标准规范包括对海洋开发利用活动所造成海洋生态损害的评估标准、对受损海洋生态环境的修复补偿技术标准、补偿资金或价值的计算，即量化标准。海洋生态损害评估的目的是确定对自然资源和设施损害的性质和程度，评估方法主要有三类：一是基于生态系统服务的损害评估；二是基于生态修复的损害评估；三是简易方法快速评估[49]。

基于生态系统服务的损害评估方法是建立在生态系统服务价值的理论基础上的，通过对受影响的海洋生态系统服务价值损失进行评估确定生态损害的程度。理论认为生态补偿标准应当按照生态服务功能价值来定价，但由于技术水平、法律条件还不完备，海洋生态收益和受损程度以及海洋生态系统服务价值目前还难以真正实现量化，操作实践的预期效果有待验证。

基于生态修复的损害评估方法通常将恢复措施作为损害评估的一部分，包括了损害的量化评估，修复措施的选择，制订修复计划，计算补偿工程的费用，等等。其中，生态修复措施的选择应按照“全面补偿”的原则，对所有可能采取的修复补偿措施进行评判和比对，选取可以达到预定补偿目标的修复措施，并确定修复规模，将海洋生态系统恢复到基线水平，即海洋生态损害事件发生前，该海域的环境与生态系统的状态。海洋生态损害的价值计算是基于生态修复措施的费用进行计算，主要包括四个部分，即消除污染和减轻损害等预防措施费用，恢复期的损失费用，海洋生态修复费用，监测、试验和评估等其他合理费用。

简易方法快速评估主要针对所导致的海洋生态损害影响较小的事件，采用简易的评估方法确定海洋生态损失量，例如采用固定数值法对难以测算损失量的污染事件索赔，或者根据数学方程计算发生在低敏感区域的小型事件造成的损害值。

海洋生态损害补偿标准的确定是当前困扰理论界与实务界的一个难题。在实践中，如果补偿的标准过低，会远离保护海洋生态环境的预期效果；反之，补偿的标准过高，会加重海洋开发利用主体的负担，影响补偿支付人的积极性。目前，由于各地区自然生态环境和社会经济发展水平的差异，不宜采取“一刀切”的模式，应当在遵循海洋生态系统规律的前提下，以法定形式确定海洋生态损害补偿标准，为政府部门科学收费提供依据，同时，补偿的程序也要依法开展，做到实体和程序的合法性。

长远来看，必须尽快制定一套科学合理的海洋生态损害补偿标准体系，才能顺利建构海洋生态损害补偿制度。对海洋生态系统的服务功能和生态价值作进一步研究，建立一套海洋生态价值评估体系，为海洋生态补偿提供精确的量化标准，这仍然是实现海洋生态补偿的现实的可操作性的前提，也是未来海洋生态补偿研究的重要方向。

二、已有海洋生态损害评估和补偿标准

在我国，很长时间以来，对海洋生态损害的评估主要集中在清污费用、财产损失方面。2013 年 8 月，国家海洋局下发了《海洋生态损害评估技术指南（试行）》，规范和指导海洋生态损害的评估工作。2017 年的国家标准《海洋生态损害评估技术导则　第 1 部分：总则》（GB/T 34546. 1—2017）（简称总则）为海洋生态损害评估工作提供了重要的指导。2007 年 5 月 1 日起实施的推荐性海洋行业标准《海洋溢油生态损害评估技术导则》，给出了针对溢油的海洋生态损害评估方法，损失费计算较为全面。另外，《建设项目对海洋生物资源影响评价技术规程》和《渔业污染事故经济损失计算方法》提供了针对生物资源损失与渔业资源损失的计算方法，在国内得到较为广泛的应用。各标准具体情况介绍如下。

（一）国家标准《海洋生态损害评估技术导则　第 1 部分：总则》

依据我国《海洋环境保护法》、《侵权责任法》等有关规定，破坏海洋生态、海洋保护区，给国家造成重大损失的，责任者要承担责任、赔偿损失。

随着我国海洋经济的发展，各种海洋开发利用活动和海洋环境突发事件导致的海洋生态损害情形十分严重。亟须建立海洋生态损害评估标准，明确海洋生态损害对象、范围和

程度的评估方法以及海洋生态损害价值的计算方法，有效促进海洋生态损害的赔偿补偿工作全面顺利开展。

根据总则，评估工作程序分为四个阶段：①准备阶段——资料搜集、现场踏勘，分析海洋生态损害事件和损害特征，初步确定海洋生态损害评估调查的范围、评估因子、评估方法，编制评估工作方案；②调查阶段——开展海洋生态状况调查和社会经济状况调查；③分析评估阶段——确定损害事件的损害范围、对象和程度，编制海洋生态修复方案，开展海洋生态损害价值评估；④报告编制阶段——编制海洋生态损害评估报告。

根据总则，海洋生态损害价值是基于生态修复措施的费用来计算，即将海洋生态系统恢复到接近基线水平所需费用作为首要的海洋生态损害价值评估方法，具体包含消除和减轻损害等措施费用、海洋生态修复费用、恢复期的海洋生态损失费用（包括恢复期海洋环境容量损失价值量和恢复期海洋生物资源损失价值量等）、其他合理费用，其中，海洋开发利用活动无需评估消除和减轻损害等措施费用。

（二）国家标准《海洋生态损害评估技术导则　第2部分：海洋溢油》

随着我国对外开放和海洋经济的迅速发展，海洋溢油造成环境污染损害的风险日益加剧，近年来频繁发生的海洋溢油事故对海洋生态环境造成了重大损失，迫切需要加强监管，以保护海洋生态环境，保障人民财产及健康安全。在海洋溢油事故处理中，除了对事故现场造成的直接损失进行调查外，还需要对生态环境方面的损害进行科学评估。推荐性海洋行业标准《海洋溢油生态损害评估技术导则》和国家标准《海洋生态损害评估技术导则　第2部分：海洋溢油》的出台，对于开展海洋溢油造成的生态损害评估具有重要指导作用，奠定了实施海洋溢油生态补偿的基础。

海洋溢油生态损害评估可分为三个工作阶段。第一阶段，接受委托后，立即进行环境现场踏勘、走访、样品采集和溢油事故调查，搜集整理受影响海域环境与生态历史调查数据、海洋功能区划、社会经济、生态环境敏感目标等资料，初步筛选出受损对象，确定评价工作等级。第二阶段，编制评估工作大纲，明确评估工作的主要内容和报告书的主体内容。利用现场调查、遥感解译、溢油鉴别、样品分析测试以及溢油漂移扩散数值模拟等手段、技术，查明溢油源、溢油量、溢油扩散范围及过程等，确定海水环境、海洋沉积物环境、潮滩环境、海洋生物、海洋生态系统以及典型生态系统受溢油的影响与危害。根据评估工作等级，确定评估项目，采用相应的方法进行生态损害评估计算。第三阶段，依据评估工作大纲，编制海洋溢油生态损害评估报告书，计算溢油对海洋生态损害的总损失价值。

海洋生态损害费用包括四部分，即海洋生态直接损失、生境修复费、生物种群恢复费和调查评估费。海洋生态直接损失依据不同的海洋生态系统类型分别进行计算，主要包括海洋生态服务功能损失和海洋环境容量损失两部分。生境修复费包括两个部分，一是溢油事故发生后，立即采取各种清污措施（如机械回收、人工清污、布撒消油剂等）清除石油污染所花的费用；二是当上述方法实施后，采取生境修复技术将生境中的石油降低到一个许可的水平，重新建立栖息地的主要结构和功能所需要的费用。受损生物种群恢复费包括所有幼苗培育费或购置费、运输费、放流设备租赁费、调查评估费、劳务费等费用。调查评估费是指开展本次海洋溢油生态损害评估的实际花费。

（三）推荐性水产行业标准《建设项目对海洋生物资源影响评价技术规程》

2007 年 12 月 18 日发布，2008 年 3 月 1 日起实施的推荐性水产行业标准《建设项目对海洋生物资源影响评价技术规程》，为建立资源及生态补偿机制提供了必要的技术支撑。

《建设项目对海洋生物资源影响评价技术规程》是针对海洋工程、海岸工程等项目对海洋生物资源影响评价的技术规程。生物资源经济价值的计算，包括鱼卵、仔稚鱼经济价值，幼体经济价值，成体生物资源经济价值以及潮间带生物、底栖生物的经济价值。

关于生物资源损害赔偿和补偿年限的确定主要从以下几个方面考虑。①各类工程施工对水域生态系统造成不可逆影响的，其生物资源损害的补偿年限均按不低于 20 年计算。②占用渔业水域的生物资源损害补偿，占用年限低于 3 年的，按 3 年补偿；占用年限 3～20 年的，按实际占用年限补偿；占用年限 20 年以上的，按不低于 20 年补偿。③一次性生物资源损害补偿为一次性损害额的 3 倍。④持续性生物资源损害的补偿分三种情形，实际影响年限低于 3 年的，按 3 年补偿；实际影响年限为 3～20 年的，按实际影响年限补偿；实际影响持续时间 20 年以上的，补偿计算时间不低于 20 年。

（四）推荐性国家标准《渔业污染事故经济损失计算方法》

2008 年 6 月 1 日起实施的推荐性国家标准《渔业污染事故经济损失计算方法》，为有关渔业污染事故的调查鉴定、经济损失评估提供了技术支撑，适用于渔业水域受外源污染导致天然渔业资源、渔业养殖生物和渔业生产受损害造成的经济损失评估。

渔业污染事故经济损失评估，包括直接经济损失，鱼卵、仔稚鱼经济损失以及天然渔业资源损失。

直接经济损失按下式计算：

$$L_e=\sum_{i=1}^{n}\left(Y_{li}\times P_{di}-F_i\right)$$

式中：L_e——渔业资源损失金额，单位为元或万元；

Y_{li}——第 i 种渔业资源渔业生物损失量，单位为千克或尾或个；

P_{di}——第 i 种水产品当地的平均价格，单位为元/千克或元每尾（元/尾）或元每个（元/个）；

F_i——第 i 种养殖生物的后期投资，单位为元或万元。

鱼卵、仔稚鱼的经济损失应折算成商品苗种规格，按下式计算：

$$L_z=Y_z\times P_d\times K_h-F$$

式中：L_z——鱼卵、仔稚鱼损失金额，单位为元或万元；

Y_z——鱼卵、仔稚鱼损失量，单位为万粒或万尾；

P_d——当地鱼类苗种的平均价格，单位为元每万尾（元/万尾）；

K_h——由鱼卵、仔稚鱼折算为商品苗种规格的换算比例；

F——苗种生产后期投资，单位为元或万元。

天然渔业资源损失恢复费用的估算，应考虑天然渔业资源的恢复费用，原则上不低于直接经济损失额的 3 倍。

（五）国家海洋局规范性文件《海洋生态损害评估技术指南（试行）》

《海洋生态损害评估技术指南（试行）》由国家海洋局提出，国家海洋局第三海洋研究所负责组织起草编制。根据我国《海洋环境保护法》第十二条“对具有重要经济、社会价值的已遭到破坏的海洋生态，应当进行整治和恢复”的立法宗旨，借鉴国外在生态损害赔偿的模式和具体案例，《海洋生态损害评估技术指南（试行）》将基于生态修复费用的评估方法作为海洋生态损害评估的总体思路。2017 年 10 月，该规范上升为国家标准，以《海洋生态损害评估技术导则　第 1 部分：总则》（GB/T 34546. 1—2017）的形式正式发布。

《海洋生态损害评估技术指南（试行）》给出了海洋生态损害价值量化的计算范围和方法，主要包括清除污染和减轻损害的费用、海洋生态修复费用、海洋环境容量和海洋生态资源恢复期的损失费用以及监测、评估等其他合理费用四个方面。对于无法修复的情形，通过异地重建方式来替代，用新建工程的费用来计算海洋生态损害的价值损失。

1. 清除污染和减轻损害的费用

清除污染和减轻损害的预防措施所产生的费用，主要包括应急处理费用和污染清理费用。

——应急处理费用，主要包括应急监测费用、检测费用、应急处理设备和物品使用费、应急人员费等；

——污染清理费用，包括污染清理设备的使用费、污染清理物资的费用、污染清理人员费、污染物的运输与处理费用等。

清除污染和减轻损害的费用根据国家和地方有关标准或实际发生的费用进行计算。

2. 海洋环境容量和海洋生态资源恢复期损失计算

恢复期的生态损失，根据国内外的实践，从可量化和货币化的角度，一般包括海洋生物损失和海洋环境容量损失两方面。

恢复期海洋生物资源损失价值量的计算。国家质量监督检验检疫总局、国家标准化管理委员会已发布实施的《渔业污染事故经济损失计算方法》（GB/T 21678—2008）中，已规定了因污染导致的“天然渔业资源”损失的计算方法，包括了海洋经济物种的损失评估，《海洋生态损害评估技术指南（试行）》的制订过程中，广泛征求了海洋、渔业相关部门与专家的意见，如生态损害事件评估过程中，需要进行恢复期的海洋生物损失的价值计算时，可参照该标准进行。

恢复期海洋环境容量损失价值量的计算。对海洋环境容量的损失量的计算，一般采取数值模拟或其他成熟方法，计算因污染物排入或海域水体交换、生化降解等自净能力变化等导致的海洋环境容量的损失，并采用调查或监测获取的实测数据予以验证。

——对于非直接向海域排放污染物质的生态损害事件，计算因海域水动力、地形地貌等自然条件改变而导致的海域化学需氧量（COD）、总氮（TN）、总磷（TP）及原有特征污染物负荷能力下降的量；

——对于直接或间接向海域排放污染物质的生态损害事件，计算因污染物入海而增加的海域环境污染负荷量。

环境容量损失的价值计算，采用当地政府公布的水污染物排放指标有偿使用的计费标准或排污交易市场交易价格计算。

3. 海洋生态修复方案编制及修复费用计算

海洋生态修复的费用测算，按照国家工程投资估算的规定列出，包括：工程费用、设备及所需补充生物物种等材料购置费用、替代工程建设所需的土地（海域）的购置费用和工程建设其他费用等部分组成，采用概算定额法或类比工程预算法编制，计算公式为：

$$F = F_G + F_S + F_T + F_Q$$

式中：F——海洋生态修复总费用，单位为万元；

F_G——工程费用（水体、沉积物等生境重建所需的直接工程费），单位为万元；

F_S——设备及所需补充生物物种等材料购置费用，单位为万元；

F_T——替代工程建设所需的土地（海域）的购置费用，单位为万元；

F_Q——其他修复费用（包括调查、制订工程方案、跟踪监测等费用），单位为万元。

4. 其他费用

为开展海洋生态损害评估而支出的监测、试验、评估等相关合理费用，根据国家和地方有关监测、评估服务收费标准或实际发生的费用进行计算。

（六）海洋生态补偿评估公开发布的相关标准

1.《海洋生态资本评估技术导则》（GB/T 28058—2011）

1）评估目的（解决的问题）

通过海洋生态资本评估，掌握关注海域的海洋生态资本的现状及其变化趋势，深入认识海洋生态资源对于社会经济发展的重要价值，为实施海洋生态资源的有偿使用与资本化管理、生态损害补偿赔偿政策提供科学的技术手段，并为政府部门制定海洋管理政策、海洋产业和海洋经济发展规划提供基础信息。

2）评估程序

海洋生态资本评估程序分四步：

——接受委托后，进行现场调访、样品采集和社会经济活动调查，搜集整理海洋生态数据、功能区划、社会经济等有关资料，初步筛选出评估的范围和对象。

——编制评估大纲，明确评估工作的主要内容和报告书的主体内容。明确要评估的海域范围、时间期限，确定要评估的生态类型、生态资本要素和评估指标，确定计算公式、所需参数和数据。

——依据评估大纲，开展各项工作，评估海域的各项生态资本。

——编制海洋生态资本评估报告，进行评审验收。

3）评估指标体系

a. 总体评估框架

海洋生态资本价值的结构要素由海洋生态资源存量价值和海洋生态系统服务价值组成。海洋生态资本价值的结构要素与评估指标体系见图 7-1。应根据评估海域的实际情况筛选评估要素和具体的评估指标。

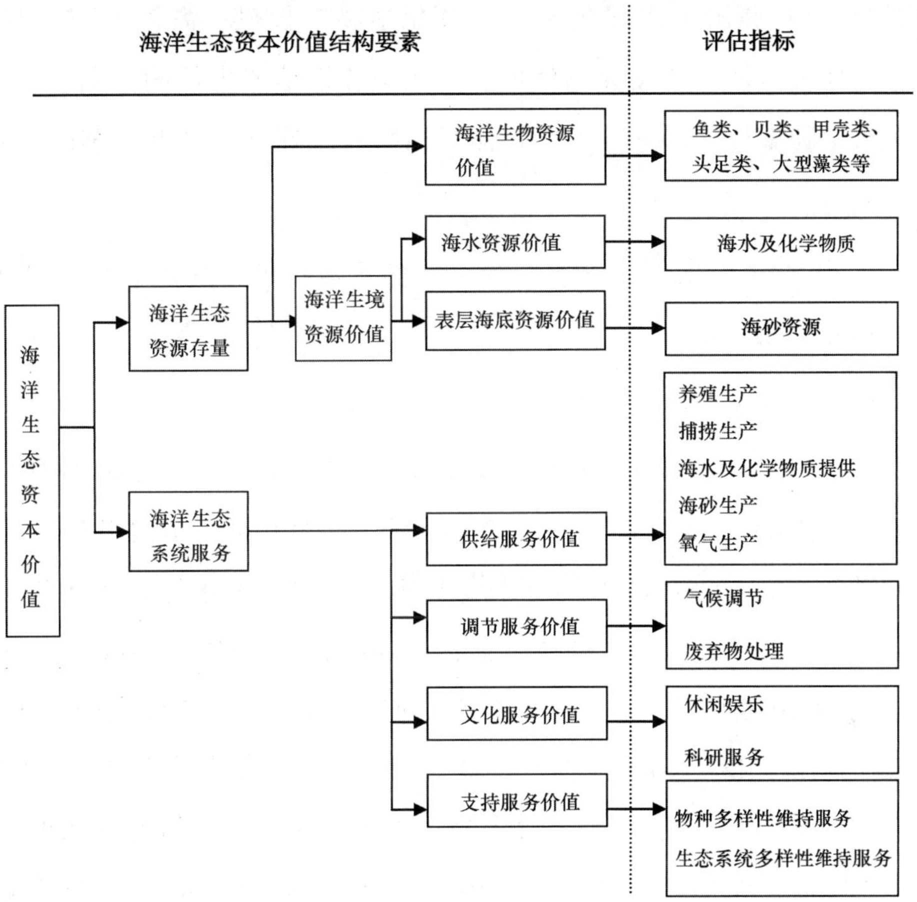

图 7-1 海洋生态资本价值的结构要素与评估指标体系

海洋生态资本评估包括海洋生态资源存量评估和海洋生态系统服务评估，并分别评估其物质量和价值量。

海洋生态资源存量价值和海洋生态系统服务价值的性质不同、计量单位也不同（存量价值单位为元，服务价值单位为元每年），应分别评估、汇总，不应进行简单加总。

b. 海洋生态资源存量的评估要素

海洋生态资源存量评估主要考虑那些具有经济价值的海洋生物、海水和表层海底三类资源的现存量。海洋生物资源考虑鱼类、贝类、甲壳类、头足类、大型藻类等经济生物。

海水资源主要考虑达到一定质量标准的海水及其包含的化学物质。表层海底资源暂考虑海底表层具有商业开发价值的海砂资源。

c. 海洋生态系统服务的评估要素

海洋生态系统服务评估包括供给服务、调节服务、文化服务和支持服务评估。评估指标主要考虑那些可计量、可货币化的服务要素。供给服务评估考虑食品生产（包括养殖生产、捕捞生产）、原料生产（包括海水及化学物质提供、海砂生产）和氧气生产；调节服务评估考虑气候调节和废弃物处理；文化服务评估考虑休闲娱乐和科研服务；支持服务评估考虑生物多样性维持服务，具体包括物种多样性维持服务和生态系统多样性维持服务。

2. 山东省《用海建设项目海洋生态损失补偿评估技术导则》（DB37/T 1448—2016 代替 DB37/T 1448—2015）

1）评估目的（解决的问题）

山东省质量技术监督局2009年发布了地方标准《山东省海洋生态损害赔偿费和损失补偿费评估方法》，实施的五年期间，有效地规范了企业理性用海、节约用海、生态用海，减缓了海洋生态压力，推动了山东省海洋生态修复工作。该标准分别于2015年和2016年修订为《用海建设项目海洋生态损失补偿评估技术导则》（DB37/T 1448—2016 代 DB37/T 1448—2015）。截至2014年底，山东省海洋与渔业厅累积征收了295个用海项目的生态损失补偿费4.22亿元，支持了30多个海洋环境整治修复、生态建设等项目。该标准实施五年后，规定的评估范围、方法和参数已经滞后，需要及时修订，借鉴这几年取得的成熟、实用的海洋生态损失与补偿评价成果，与2014年新的《海洋工程环境影响评价技术导则》相衔接，才能满足党中央实施海洋生态文明建设、党政干部生态环境损害责任追究、领导干部自然资源离任审计等有关法规和政策的新要求。

2）主要内容

a. 计算方法

用海建设项目的生态损失补偿资金等于总生态损失乘以综合补偿系数。计算公式如下：

$$EC = EL_{\mathrm{T}} \times CC$$

式中：EC——生态补偿资金，单位：万元；

EL_{T}——总生态损失，单位：万元；

CC——综合补偿系数，无量纲。

b. 综合补偿系数确定

用海建设项目的综合补偿系数等于基准补偿系数、政策调整系数和附加补偿系数之和。

$$CC = C_B + C_P + C_E$$

式中：CC——综合补偿系数，无量纲；

C_B——基准补偿系数，无量纲；

C_P——政策调整系数，无量纲

C_E——附加补偿系数，无量纲。

c. 基准补偿系数确定

用海建设项目的基准补偿系数根据项目所属产业类型按照“不同产业类型用海建设项目的基准补偿系数表”取值。

如果同一个用海建设项目的建设内容属于两个及以上的产业，取该项目所属全部产业的基准补偿系数的算数平均值，作为该项目的基准补偿系数值。

公益性用海项目（科研、教育、军事等用海）和主要提供公共服务的非经营性用海项目，其基准补偿系数按照“公益用海”类取值。

d. 政策调整系数确定

用海建设项目的建设内容，如属于现行有效的《山东省海洋产业发展指导目录》（以下简称《目录》）中“鼓励”类，政策调整系数取-0.1；如属于该《目录》中“限制”类，政策调整系数取0；如属于该《目录》中“淘汰”类，政策调整系数取0.1；如不在该《目录》中，政策调整系数取0.1；公益用海项目和主要提供公共服务的非经营性项目，政策调整系数取-0.1。如果某用海建设项目的建设内容属于上述多个类别，则取这几个类别的政策调整系数的平均值作为该建设项目的政策调整系数。

e. 附加补偿系数确定

用海建设项目的占用海域或邻近影响海域范围内如果存在保护区、其他生态红线区和保护物种，则其附加补偿系数按照“附加补偿系数表”取值。

如果用海建设项目的附加补偿系数取到两个及以上数值，则把最大值作为附加补偿系数值。

三、海域使用金征收标准调整

近年来，我国沿海地区开发利用海洋的热情空前高涨，海洋生态环境的压力不断增加，导致了近岸海域污染严重、海洋及海岸带栖息地损失、海洋生态系统结构失衡、生物多样性和珍稀濒危物种减少、海洋生态灾害频发等一系列海洋生态环境问题，海洋开发活动的生态环境代价尚未得到有效补偿，一个重要的体现就是海域使用金征收标准偏低，与海洋经济和社会发展不相适应，海域资源生态价值和稀缺程度未得到充分体现。

中共中央、国务院《关于印发〈生态文明体制改革总体方案〉的通知》（中发［2015］25号）和2017年国家海洋局关于《海域、无居民海岛有偿使用的意见》等政策文件对调整海域使用金征收标准提出了明确要求。要求充分体现海域资源生态价值和稀缺程度，将生态环境损害成本纳入海域使用金价格形成机制，发挥海域使用金在调控用海活动中的经济杠杆作用，促进集约节约和生态用海，实现海域开发利用可持续发展。2018年3月13日，财政部、国家海洋局联合下发了《关于调整海域无居民海岛使用金征收标准的通知》（财综［2018］15号），决定将根据海域、无居民海岛资源环境承载能力和国民经济社会发展情况，综合评估用海用岛需求、海域和无居民海岛使用权价值、生态环境损害成本、社会承受能力等因素的变化，建立价格监测评价机制，对海域、无居民海岛使用金征收标准进行动态调整。根据国民经济增长、资源价格变化水平，并考虑海域开发利用的生态环境损害成本和社会承受能力，海域使用金征收标准调整如表7-1所示。

调整后的海域使用金征收标准的测算和确定，主要由空间资源占用收益和生态环境损害成本两部分构成。生态环境损害成本的纳入体现了对海洋开发利用活动的生态环境外部性内部化要求，属于对海洋生态损害资金补偿途径。空间资源占用收益根据用海方式特点采用收益法、增长率法进行测算。对于生态环境损害成本的测算，采用海域生态环境基准值与海域生态环境损害程度系数的乘积计算。

海域生态环境基准值（万元/公顷）采用综合指标法测算。评估因素主要考虑海洋动力、海岸地貌、海底沉积、营养盐循环、自净能力、生物多样性等10个方面，评估模型采用统计学及生态服务价值评估领域较为成熟的方法，由评估模型分别计算各因素的价值并求和得出海域生态环境基准值。

海域生态环境损害程度系数根据不同用海方式对海域生态环境的影响程度来确定，影响程度依据上述10个方面评估因素体现，不同用海方式对生态环境的影响因素及各因素权重采用德尔菲法（专家打分法）确定，影响因素权重求和得到每个用海方式的生态环境损害程度系数。

表 7-1　海域使用金征收标准　　　　单位：万元/公顷

用海方式			海域等别						征收方式
			一等	二等	三等	四等	五等	六等	
填海造地用海	建设填海造地用海	工业、交通运输、渔业基础设施等填海	300	250	190	140	100	60	一次性征收
		城镇建设填海	2 700	2 300	1 900	1 400	900	600	
	农业填海造地用海		130	110	90	75	60	45	
构筑物用海	非透水构筑物用海		250	200	150	100	75	50	
	跨海桥梁、海底隧道用海		17. 30						
	透水构筑物用海		4. 63	3. 93	3. 23	2. 53	1. 84	1. 16	按年度征收
围海用海	港池、蓄水用海		1. 17	0. 93	0. 69	0. 46	0. 32	0. 23	
	盐田用海		0. 32	0. 26	0. 20	0. 15	0. 11	0. 08	
	围海养殖用海		由各省（自治区、直辖市）制定						
	围海式游乐场用海		4. 76	3. 89	3. 24	2. 67	2. 24	1. 93	
	其他围海用海		1. 17	0. 93	0. 69	0. 46	0. 32	0. 23	
开放式用海	开放式养殖用海		由各省（自治区、直辖市）制定						
	浴场用海		0. 65	0. 53	0. 42	0. 31	0. 20	0. 10	
	开放式游乐场用海		3. 26	2. 39	1. 74	1. 17	0. 74	0. 43	
	专用航道、锚地用海		0. 30	0. 23	0. 17	0. 13	0. 09	0. 05	
	其他开放式用海		0. 30	0. 23	0. 17	0. 13	0. 09	0. 05	
其他用海	人工岛式油气开采用海		13. 00						
	平台式油气开采用海		6. 50						
	海底电缆管道用海		0. 70						
	海砂等矿产开采用海		7. 30						
	取、排水口用海		1. 05						
	污水达标排放用海		1. 40						
	温、冷排水用海		1. 05						
	倾倒用海		1. 40						
	种植用海		0. 05						

注：①离大陆岸线最近距离 2 千米以上且最小水深大于 5 米（理论最低潮面）的离岸式填海，按照征收标准的 80%征收；②填海造地用海占用大陆自然岸线的，占用自然岸线的该宗填海按照征收标准的 120%征收；③建设人工鱼礁的透水构筑物用海，按照征收标准的 80%征收；④地方人民政府管辖海域以外的项目用海执行国家标准，海域等别按照毗邻最近行政区的等别确定；养殖用海标准按照毗邻最近行政区的征收标准征收。

随着海域使用金动态调整机制的逐步建立与完善，通过将生态环境损害成本纳入海域价格形成机制，提高海域使用金征收标准，提高了用海生态门槛，一定程度上提高了企业用海成本，促使用海者向高效、集约和节约用海转变，对海域开发利用方式和海洋产业布局优化与结构调整将起到重要的引导作用。另一方面，海域使用金用于海洋生态保护补偿的资金也将会相应增加，有利于稳固国家海洋生态保护补偿的资金来源保障。

第七节　补偿措施的实施途径与程序

海洋生态损害补偿的实施实际上是用海主体履行生态保护、修复和治理义务，落实补偿责任的过程。按照义务的法律性质来分，就包括了实体义务和程序义务。前者是依法应实际履行的义务内容，海洋生态损害补偿的义务主体应拟定并落实生态保护、修复补偿方案和实施计划；后者是为了保障实体义务所应当遵循的程序，即应该采取哪些步骤和方式，先后顺序以及在多长时限内完成等要求。

一、海洋生态修复与补偿方案

海洋生态损害补偿的直接目标是将受损的海洋自然资源恢复到没有受损时的状态，其中，对海洋开发利用活动生态损害的评估是为生态修复和恢复奠定基础，即评估是手段和过程，生态修复措施的制定与落实是用海活动生态损害补偿方案的主要内容与合理目标，也是进行补偿资金测算的科学基础。用海活动海洋生态损害补偿方案的拟订是补偿义务主体能否有效履行生态补偿义务的关键，生态保护和修复措施的科学性、有效性和可行性是实现生态补偿成效的保障。海洋生态修复的理论和技术方法是具有系统性、复杂性的多学科体系，需要海洋主管部门对相关技术标准予以统一规范，为用海主体的评估和方案制订提供明确具体的依据和技术指导。

（一）海洋生态修复的类型及内容

对于海洋生态系统的生态修复相关理论和应用研究已经成为国际生态修复领域的热点之一，并逐步受到沿海国家的重视，相关实践和立法发展迅速并日趋成熟。有关国家还专门颁布了一系列海洋生态修复相关法律法案，如美国《切萨皮克洁净水和生态系统修复法》和《旧金山湾修复法案》等。

从目前已有的立法和实践来看，海洋生态修复的方法和内容按照不同标准可以分为多种类型。

（1）按照修复工程的特征，海洋生态修复可分为原地生态修复、异地修复、替代性方式等。原地生态修复，或称原位生态修复，是指在用海活动所在的、受到破坏影响的海域对受损海洋生态环境进行修复和恢复，再现至干扰前的结构和功能，可以是对生境的原地修复或重建，也可以是对自然资源的原地修复和恢复。如《海洋环境保护法》中明确了“对具有重要经济、社会价值的已遭到破坏的海洋生态，应当进行整治和恢复”，相关规定也指出针对各种开发活动的威胁应当采取有效的保护措施，防止或避免对海洋生态环境的破坏，同时，对于造成危害后果的海洋开发利用活动，责任人应承担恢复原状的法律责任，等等，都体现了原地修复的要求。司法实践中对于恢复原状的判定，通常是要求责任人在恢复到损害行为时的标准的基础上，适当兼顾恢复时的标准，以此提高环境资源的修复程度。如果没有相关标准的，应当将被破坏的环境资源修复至其可以发挥正常生态作用和功能的状态，只要达到了这种状态即可认定为已经恢复。

异地修复，或称异地重建，是指对于不宜或无法在原地进行修复的，则通过异地生境或资源再造获得同等的生态系统服务价值。因为某些环境资源的破坏具有不可逆转性，恢复至与破坏前完全相同的状态几乎不可能；或者在恢复原状的成本问题上，成本过高或存在其他重大困难不能恢复的情形。对生境的异地重建，如红树林的异地种植、珊瑚礁的异地重建，还比如《防治海岸工程建设项目污染损害海洋环境管理条例》第二十二条规定的“通过异地繁育、建造过鱼设施等补救措施保护野生动植物生存环境”中的异地繁育，都是异地修复措施。

替代性方式，或称替代性修复方式，主要有两种方式。一种方式是针对责任人在规定期限内未履行修复和恢复义务，相关部门可以委托第三方进行修复，修复费用由责任人承担，防止因用海活动主体的主观懈怠或能力因素导致生态环境迟迟得不到修复。如《海岛保护法》第二十五条就规定“进行工程建设造成生态破坏的，应当负责修复；无力修复的，由县级以上人民政府责令停止建设，并可以指定有关部门组织修复，修复费用由造成生态破坏的单位、个人承担”。另一种方式是由第三方直接修复，第三方机构具有专业性强、修复效率高等优势，尤其当补偿义务人并不具备自行修复的条件时，第三方修复将成为主要方式，修复的必要费用由补偿义务人承担。实践中有很多案例，根据实际情况和需要采取了灵活多样的替代性修复方式。

（2）依据用海活动类型来确定不同类型海洋生态修复的方法和内容。这里主要是针对全部或部分改变海域自然属性的用海，根据《海域使用分类体系》可以将海洋开发利用活动分为五类：填海造地用海、构筑物用海、围海用海、开放式用海和其他用海。不同的用海类型会对海洋生态系统产生不同的影响，相应的生态保护和补偿修复对策也各异。根据2011年时任国家海洋局局长刘赐贵在全国海洋工作会议中提出的“五个用海”重要方针，即规划用海、集约用海、生态用海、科技用海和依法用海，针对海洋开发利用活动的生态用海主要通过强化生态修复和生态建设内容以促进用海项目生态环境保护方面的执行力度，如国家海洋局于2016年发布的《关于进一步加强区域建设用海规划海洋生态环境保护有关工作的意见》（征求意见稿）及《区域建设用海规划环境影响评价技术规范》（征求意见稿）中就专门针对区域建设用海中的生态建设环保方案编制进行了规范和指导；国家海洋局2017年10月发布的《围填海工程生态建设技术指南（试行）》，为围填海工程设计和海域使用论证报告生态建设方案专章的编制提供了指导。

（3）根据对象/典型海洋生态系统类型划分，如对红树林、珊瑚礁、海草床、盐沼等典型海洋生态系统，视其类型、退化程度的不同实施不同的修复或恢复措施，包括自然恢复和人工修复措施。红树林主要受到海岸带开发活动，尤其是码头建设、围海造地等工程的负面影响，养殖、水污染也可能造成红树林退化，对红树林生态系统可以通过自然演替进行自然恢复，周边环境整治和建立保护区是较为可行的手段，当自我恢复无法实现时，需要采取人工种植的生态修复措施。珊瑚礁主要面临全球气候变化、自然灾害、海洋污染、破坏性捕捞方式和滨海旅游业等的威胁，珊瑚礁生态系统的自然恢复主要通过建立自然保护区、环境污染整治和渔业活动的管控等管理措施减少人类活动的干扰，珊瑚礁的人工修复主要包括物理修复和生物修复（培育和移植）。海草床生态系统面临的主要威胁来自人为因素的干扰，由于自然恢复和繁衍的过程比较缓慢，生态修复措施主要是在去除人类活动带来的压力和改善栖息地环境的基础上适当进行人工干预，如改善水质、减少氮的输入量，同时依靠种子法和人工移植法进行人工修复。

除此，国内外海洋生态修复的研究已从原来对局部区域或某一生物群落或物种的修复转向大尺度的生态系统或景观层次上的区域性生态修复。目前在典型区域尺度开展的海洋生态修复已有不少成功案例，如2005年由中国环境科学研究院、天津环境保护科学研究院、天津大学、中国海洋大学等科研单位共同实施的渤海典型海岸带生境修复项目，美国在加利福尼亚南部海湾、切萨皮克海湾、路易斯安那州滨海湿地等开展的生态修复项目，都体现出海洋生态系统修复的这一发展趋势。

（二）海洋生态损害补偿方案的编制

海洋生态损害补偿方案是对受损海洋生态进行保护、修复和补偿的方案设计或实施计划，是落实海洋开发利用活动生态损害补偿不可或缺的组成部分，也是政府部门据以对用海主体的生态保护和修复补偿进行有效事中事后监管的技术性依据之一。编制主体应当是海洋开发利用主体，编制的前提基础是海洋生态损害评估，根据评估结果制定受损海洋生态环境的保护、修复和补偿对策措施，编制的内容及其依据主要散见于现行的海洋环境影响评价法律文件规定和相关技术标准中。

2017 年新修订的《海洋工程环境影响评价管理办法》要求在海洋环境影响报告书中对生态用海进行重点分析，即第九条规定了报告书应包含“工程生态用海方案（包括岸线利用、用海布局、生态修复与补偿、跟踪监测及监测能力建设等方案）的环境可行性分析”。生态修复与补偿措施是海洋工程环境影响评价的重要内容，在《海洋工程环境影响评价管理办法》第十三条中亦规定了若存在“拟采取的海洋生态保护、修复或补偿对策措施不能有效预防和控制海洋生态环境损害破坏的”情形时，“海洋行政主管部门应当作出不予批准的决定”。

《海域使用论证技术导则（试行）》中对于“生态用海综合论证”要求对项目生态化建设的合理性、污染物排放与控制、生态修复与保护、海洋环境监测等给出综合性结论，在生态保护与修复方面，要求根据用海影响分析结果，针对珍稀濒危物种及其栖息地、重要典型生态系统等生态保护目标，给出切实可行的生态保护方案；针对受损对象分类设定生态修复目标并确定相应的生态修复方案，并分析生态修复方案可行性，项目所在海域不能开展生态修复方案的，应给出异地生态修复方案，并进行可行性分析。

《海洋生态损害评估技术导则》（总则部分）中修复方案包括：生态修复的项目概况、目标、范围、修复内容与总体布局、项目投资概算、实施周期与进度安排、预期修复成效、跟踪监测与竣工验收要求等。

《海洋生态损害评估技术指南（试行）》中规定海洋生态修复方案的编制应包括生态修复目标、范围、内容、投资测算、实施周期与进度安排、预期修复成效、跟踪监测与竣工验收指标要求等。

《建设项目对海洋生物资源影响评价技术规程》中为海洋生物资源的损害评估、生物资源损害赔偿和补偿计算方法、可采取的保护措施等提供了技术指导。其中，保护措施主要是指根据环境保护目标要求提出的预防、减缓、恢复、补偿、管理、科研、监测等对策措施。建设项目对海洋生物资源与生态环境保护应该按照“谁开发谁保护、谁受益谁补偿、谁损坏谁修复”的原则，根据评估结果，将海洋生物资源的损害补偿经费列入项目的投资预算；同时制定可行的海洋生物资源保护措施，如栖息地保护、迁地保护、过鱼设施、人工增殖放流、设立保护区等，并进行经济技术论证，落实经费和时限，以及在环评报告中提出项目建设期和营运期的跟踪监测计划，生态补偿修复措施在征得渔业部门同意后方可实施。

《区域建设用海规划环境影响评价技术规范（征求意见稿）》中专篇进行了规划实施的生态建设环保方案的分析评价，依据规划所在海域的资源、生态和环境的保护目标，分析阐述规划实施的生态建设方案和生态修复方案的定位（避让、保护、修复、补偿等）合理性，着重分析阐明生态建设与修复内容、技术方法的适宜性与合理性。同时，附录B明确了规划实施的生态建设环保方案编制的主要内容与章节，包括原则、目标和指标、生态建设和修复的需求分析、规划实施占用和受损生态生境修复的设计与布局（具体包括修复技术方法分析、方案优选、目标和指标控制、工程量与概算等）、生态建设和修复的影响减缓对策与措施等。

除此，还有《围填海工程用海生态建设方案编制技术规程（试行）（征求意见稿）》，对围填海工程的生态建设方案的编制目标、原则、内容、程序和技术方法进行了明确。

以上相关管理文件规定和技术标准可以为用海活动生态损害补偿方案的编制提供依据或参考。结合海洋生态损害补偿的需要，方案的内容应当包括但不限于以下几个方面：

——用海活动生态损害评估；

——海洋生态修复工程补偿措施的目标、具体内容、投资概算、进度安排、跟踪监测以及可行性分析等；

——补偿资金测算；

——补偿措施的竣工验收要求。

二、实施程序

海洋生态损害补偿是针对海洋开发利用活动的生态保护、修复和补偿机制，在海洋开发利用活动从设计到施工建设期再到营运期间的不同阶段，为落实海洋生态损害补偿的相关要求，需要从实施程序上予以明确的保障（图7-2）。海洋生态损害评估、损害补偿方案拟订和补偿投资测算是基于环境影响评价或海域使用论证制度框架予以实施的。因此，相关程序也可以主要依托环评或海域使用论证的管理机制开展。

海洋开发利用活动的环境影响评价或海域使用论证报告中的生态损害补偿方案须经过涉海活动的行政主管部门评审、核定后方可实施。海洋生态损害补偿义务人根据核准后的补偿方案对受损海洋生态环境进行工程修复或替代性方式修复补偿。在实际履行过程中，海洋开发利用主体可以自行开展修复或者委托第三方机构进行修复，由主管部门依据职权

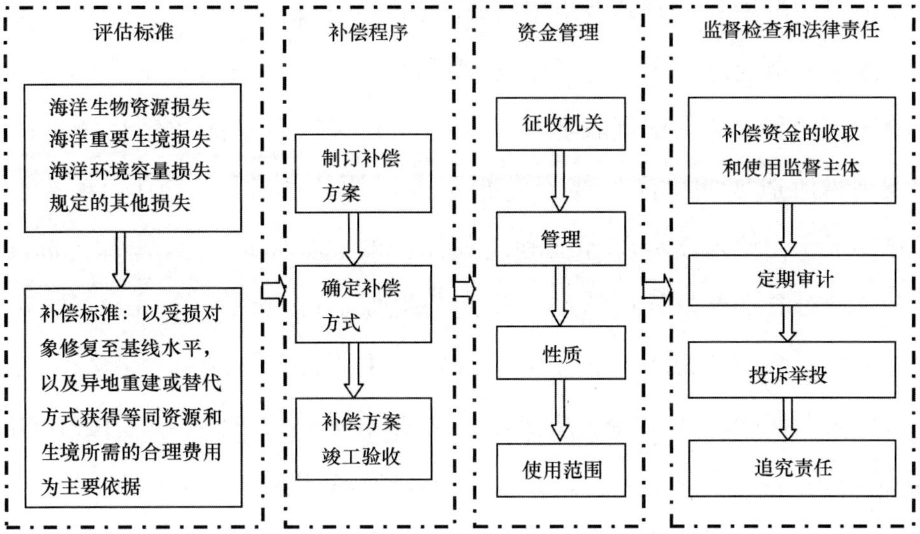

图 7-2　海洋生态损害补偿实施框架

对补偿方案的目标和指标、进度安排、经费投资、跟踪监测和验收事项进行监管。

对于采取资金补偿的用海活动，无论是依据海洋生态破坏损失评估建立的生态补偿标准还是通过海洋生态服务价值评估建立的标准，在目前难以制定出公认的方法和准则、相关评估技术尚不成熟的条件下，应当允许补偿主体和受偿主体在一定范围内根据意愿就补偿的金额、方式和期限等进行协商，同时有关部门可参与协商过程，促进利益相关者通过博弈协商，综合考量成本效益，推动达成补偿协议。

第八节　监督管理和法律责任

一、监管机制

有序的监督管理体制对于法律法规的实施和执法效果尤为重要，海洋生态损害补偿立法中的管理配套制度建设是建立健全海洋生态损害补偿制度的重要内容。

（一）管理和协调机制

海洋生态损害补偿涉及海洋开发利用和生态环境保护监督管理部门。根据 2017 年新修改的《海洋环境保护法》有关规定，海岸工程建设项目的环境保护由环境保护行政主管部门负责，海洋工程建设项目的环境保护由海洋行政主管部门负责。《中华人民共和国渔业法》（2014年修正）规定了涉及渔业资源利用和保护的由渔业行政主管部门负责，实际操作过程中，海洋开发利用活动依据农业部发布的《建设项目对海洋生物资源影响评价技术规程》对建设项目所造成的海洋生物资源损害进行评估和补偿。2018年国务院机构改革后，自然资源部统一行使自然资源开发利用和保护的监管职责，生态环境部统一行使生态环境保护职责。从对海洋开发利用活动的生态环境保护进行综合管理的需要和现实情况来看，应当由自然资源部门作为海洋生态损害补偿的主管部门，统一负责海洋开发利用活动生态损害补偿相关工作的具体实施，负责制定完善用海活动海洋生态损害评估、生态修复和补偿的相关技术标准；沿海地方县级以上人民政府及相关主管部门按照海洋开发利用活动的审批权限负责生态损害补偿工作的监督管理。

海洋生态损害补偿相关的管理部门之间应当加强交流和协作，为补偿工作的顺利开展提供强有力的组织保障。根据相关法律法规严格实施海洋生态损害补偿工作责任制，当涉及多个部门时，应当在明确管理职责基础上充分协商。国家自然资源部负责全国海洋生态损害补偿工作的指导和监督管理，生态环境保护主管部门、渔业行政主管部门和财政部门协调配合开展具体相关工作。对于涉及跨行政区域开展的用海活动或具有跨区域生态环境影响的用海活动，生态损害补偿管理工作应当由相关区域政府及相关主管部门协商解决，或者由共同的上一级主管部门协调处理，组织和协调有关部门及开发主体，落实海洋生态损害补偿方案的制订和实施环节。

（二）资金运行制度

海洋生态损害补偿制度建设的直接目标之一是为了拓宽海洋生态补偿资金的来源渠道，减轻政府单一财政投入的压力和不足。

就补偿资金的筹措机制来说，海洋开发利用主体可采取不同的补偿方式，与之相应，海洋生态损害补偿的资金来源和性质也存在差异。采取工程补偿方式的用海活动补偿资金主要是用海者作为补偿义务主体根据用海活动生态保护和修复补偿方案测算的资金，将这部分补偿所需资金列入开发项目的投资和运行成本中，直接用于补偿其开发利用活动造成的海洋生态损害。采取资金补偿方式的用海活动补偿资金来源，目前主要包括环境保护税、排污费、倾倒费、海域使用金、海上突发事故生态补偿金、国家财政拨款等，以及地方层面征收的各类海洋生态损失补偿金。虽然目前的补偿资金来源较为多元，但是仍然有限，且较为分散，为了弥补资金上的缺口，未来还应继续拓宽补偿资金的来源渠道，健全相关补偿资金筹措的法律层面支持和政策指导。除了针对用海活动征收海洋生态损害补偿金，还可以探索基于市场模式的海洋生态系统服务交易体系，通过价格支付来筹集补偿资金。另外，还可通过建立海洋生态环境专项基金，广泛吸收公益捐款，同时可借助各类公益基金如全球环境基金、世界自然基金的资金援助等，形成稳定、可持续的海洋生态补偿资金支持机制。

补偿资金的使用管理制度是确保筹措的资金发挥生态补偿功能的重要保证，对于政府部门征收的海洋生态损害补偿资金，应主要按照财政预算管理，根据专款专用原则，专门用于海洋生态保护和修复工作，资金的使用过程需要接受监督。对于用海主体自主开展生态修复和补偿的资金使用管理，政府部门主要通过对相关主体履行生态损害补偿义务的过程监管来实现对补偿资金使用情况的间接监督。例如，在采取保证金（监管账户）模式的生态损害补偿实施过程中，用海者作为补偿义务主体存入监管账户的补偿资金应当根据三方监管协议约定的资金使用计划和审批程序支出和使用资金用于海洋生态修复补偿，主管部门根据监管协议和职权对补偿义务主体的资金使用过程进行监督，以确保补偿资金的使用效果。

（三）落实与过程监管机制

海洋开发利用主管部门作为海洋生态损害补偿的落实者和监督者，应当将海洋生态补偿纳入海洋工程建设的日常监督和竣工验收工作内容。在海洋开发利用活动竣工验收和监督管理过程中发现海洋生态损害情形不符合原海洋生态损害评估结论的，应要求海洋开发利用者重新进行海洋生态损害评估，并根据新的评估结论提出索赔要求。

海洋开发利用活动申请人未事先开展海洋生态损害评估、履行海洋生态损害补偿责任的，主管部门可不批准其用海申请。

同时，还应开展建设项目海洋生态补偿的后评价。目前的建设项目环境影响后评价主要包括两个方面：一方面是将建设项目运行一定阶段后与环境保护验收时的情况进行比较，以提出相应的改进措施；另一方面是将建设项目运行一定阶段后与环境影响评价中的预测内容进行比较，以检验环境影响评价的准确性和可靠性。考虑到海洋生态补偿的重要性，在进行后评价的同时，还应将海洋生态补偿的工程实施、资金使用与生态效益纳入定期考核与绩效评估，实施监督。

（四）监督检查机制

海洋开发利用主管部门负责对用海活动采取的工程补偿措施进行定期检查和竣工验收。上级主管部门依法对下级主管部门的用海活动生态损害补偿管理工作进行监督检查。任何单位和个人不得以任何形式侵占、截留、挪用或骗取由主管部门统筹使用的补偿资金。各级主管部门应当接受审计部门对补偿资金使用情况的审计监督。

同时，海洋生态损害补偿是关乎社会公共利益的法律制度，也是一个系统的工程，需要政府管理者、公众、科学家等的有效协作和广泛支持。政府相关部门是海洋生态损害补偿的决策制定者、组织协调和执行管理者，通过实施相关法律法规保障海洋生态补偿目标的实现。海洋开发利用主体是直接对海洋生态产生影响的主体，用海者的海洋生态补偿意识和法制观念，会对生态损害补偿工作的开展直接产生积极或消极的影响，除了提升海洋开发利用者的环保意识，还应提高其保护海洋生态环境的效率和能力，促进其向绿色发展方式转变。用海者履行海洋生态损害补偿义务和责任的情况，应当纳入企业信用评价与管理体系，依法接受监督管理。公众的积极参与和监督是形成良好的生态环境保护氛围、发挥舆论监督和导向作用的重要方式，提升公众的环保意识、法治意识和道德水平，支持公众曝光和举报海洋生态破坏的违法行为，参与海洋生态保护宣传教育和政府决策过程，以及对主管部门的生态损害补偿管理工作进行监督，是促进海洋生态补偿工作有效实施的重要途径。海洋生态损害补偿制度建设应完善公众参与和信息公开机制，完善公众信访、举报、听证等机制，为公众参与生态补偿工作的社会监督提供畅通的渠道。政府部门应完善海洋生态损害补偿相关信息公开制度，为公众提供参与和监督海洋生态环境保护工作的信息渠道和沟通反馈机制；海洋开发利用主体应主动向社会公开生态环境保护和补偿工作进展情况，接受公众和相关单位监督。

二、法律责任

海洋生态损害补偿的法律责任制度主要包括三个方面。

（一）主管部门法律责任

主管部门及工作人员在用海活动生态损害补偿管理工作中存在滥用职权、玩忽职守、徇私舞弊、渎职失职等违法违纪行为的，依法给予行政处分；构成犯罪的，依法移交司法机关追究刑事责任。

（二）用海者的法律责任

用海者违反海洋生态损害补偿相关协议的，按照协议追究违约责任；违反海洋环境保护相关法律规定的，依法追究相应的法律责任；构成犯罪的，依法移交司法机关追究刑事责任。

（三）技术服务机构法律责任

技术服务机构在用海活动生态损害补偿的技术服务中弄虚作假，对造成海洋生态破坏负有责任的，除依照有关法律法规规定予以处罚外，还应当与造成海洋生态破坏的其他责任者承担连带责任；构成犯罪的，依法移交司法机关追究刑事责任。

第八章　我国海洋生态补偿立法建设的可行性及策略分析

对海洋生态补偿制度的立法研究，除了包括对其必要性和应然性的研究，还应当包括对其立法实然性的阐述。从现状总体来看，我国海洋生态补偿的实践远不能适应海洋生态保护与生态修复的需求。从制度上，我国没有相应的法律制度作为保障，就导致了海洋生态补偿在实践中的不规范和不连贯，有些在实践中采取的举措由于法律依据不足，可能导致实际补偿成效脱离了生态补偿的初衷，演变成单纯的行政收费、生态政治需求或造成资源浪费[20]。因而，我们有必要对海洋生态补偿的实然性开展综合分析，从构建该法律制度的有利条件及现实困境等各方面进行充分的实证分析，考察制度化建设的现实可行性。

第一节　现实可行性分析

我国海洋生态补偿立法的现实性与可行性需要结合我国海洋经济发展态势、海洋资源利用状况、海洋环境保护制度等进行全面论证。

一、有利条件

（一）我国海洋法律体系的完善为海洋生态补偿立法奠定了制度基础

我国海洋法律经过不断地发展，已经建立起了较为完善的体系，海洋安全和权益保障、海洋资源开发利用、海洋生态环境保护等各方面均有了相关法律规范，这些基本的用海与管海的法律法规与制度为海洋生态补偿制度的建立奠定了一定的法律基础。

首先，海域国家所有权制度是构建海洋生态补偿法律机制的前置性基础。《海域使用管理法》规定了我国海域属于国家所有，即明确了国家作为我国海域所有者的合法所有权主体地位与管理义务，国家既要对海域资源进行合理利用，也要实行有效保护，因此，海域国家所有权确立了国家在海洋生态补偿工作中应当发挥的主导地位。国家以合法、合理的方式对造成或可能造成其所有的财产损害或减损的行为通过征收生态补偿费用的方式保障其合法权益或自身权力得以继续行使，与所有权理论并不违背。

其次，海域使用权制度为海洋开发利用活动生态补偿的法律关系主体、客体、基本制度保障等提供了合理性基础。海域使用权主体的特征也决定了海域使用权中引入海洋生态补偿的合理性。海域使用权配套的保障制度，如海域使用论证、海洋功能区划、海洋环境影响评价等制度为海洋资源利用生态环境分析提供了生态用海、生态损害、生态修复等评估、费用核算等的前置性制度基础。

再次，相对系统化的海洋环境保护法律制度为海洋资源开发利用的生态补偿机制提供了较为全面的法律规制。《海洋环境保护法》专章规定了海洋生态保护的相关内容，为海洋生态保护提供了基本的法律支撑，明确了海洋生态保护的责任、原则、方法、策略，海洋生态整治与恢复的基本要求和具体措施等内容，这些都为海洋生态补偿责任的确立、补偿范围、补偿方式等提供了法律依据或参考。同时，对陆源、船舶、海洋开发活动等造成的海洋污染与生态破坏也作出了专门规定，为海洋生态损害的管控、救济、补偿等提供了必要的依据。

总之，目前现行的海洋生态环境保护的相关法律制度与其他配套规范措施相结合，共同为海洋生态补偿制度提供了必要的制度保障。

（二）国家和地方立法实践体现了推动立法发展和完善的契机

综观世界各国与我国生态补偿的项目与内容，生态补偿的实践已经在不同领域全面展开且获得了良好的社会效果。我国现行的《防治海洋工程建设项目污染损害海洋环境管理条例》、《海洋溢油生态损害评估技术导则》等法律规范，对探索海洋生态损害评估与补偿制度建设具有积极的指导意义。同时，我国一些沿海省份如山东、浙江、福建等也开展了地方立法尝试，如山东省的《山东省海洋生态补偿管理办法》及相关技术规范、浙江省宁波市的《宁波市海洋生态环境和资源损害赔偿办法（草案）》、福建省厦门市印发实施了《厦门市海洋生态补偿管理办法》。但是海洋生态补偿无论在理论与实践还是制度与实施方面，都处于探索阶段，相应的法律规范、司法判例等都很匮乏。从现有的实践状况来看，海洋生态补偿相比其他领域的生态补偿起步晚且系统性不强，已有实践依然停留在个案或单个项目上，仅仅通过针对工程或项目性的个别指导，很难满足海洋开发利用活动及生态保护长远发展的需求。

目前国家与地方海洋生态补偿立法在适用范围、法律效力和具体要求等方面都存在局限性，在补偿原则、补偿基本制度、补偿方式、补偿形式、补偿标准、补偿区与被补偿区之间的关系、补偿责任、补偿权益的实现、补偿范围等方面的长效机制或制度问题仍未能解决，迫切需要国家层面依据这一立法需求，综合生态用海、生态管海的各种要求，对海洋生态补偿立法进行整体的梳理与构建。通过法律对海洋生态补偿进行合法性规范与引导，促进其良性发展，也促进其合法推进。

二、现实困境

尽管我国海洋生态补偿立法具备了法律基础和现实需求方面的有利条件，但限于我国海洋环境保护法发展中面临的挑战、生态补偿法律制定的难度，以及海洋生态系统自身的复杂性和整体性特征，海洋生态补偿法律机制的构建也面临着一些难以避免的现实难题。

1）现有法律制度不完备，难以有效平衡发展与保护、公平与效率的关系

现行海域使用主体所缴纳的资源税（费）大多只是解决了资源经济补偿问题，即就自然资源的消耗（稀缺性和有用性）对所有者或经营者的补偿，征收的税费不能全面、充分地补偿所造成的海洋生态损失。

海洋生态损害的法律救济手段与救济机制不完备。针对海洋环境污染、环境侵权的民事赔偿责任无法补救海洋生态损害，惩罚性环境行政处罚等的威慑性不足以预防海洋生态损害的发生，难以实现真正的“损益相抵”或满足海洋生态保护的要求，海洋环境刑事法律责任亦不能够充分保护海洋生态环境。

海洋生态补偿相关技术支撑不到位。海洋生态补偿标准体系、海洋生态服务价值评估核算体系、海洋生态环境监测评估体系等建设滞后，海洋生态系统服务价值测算、海洋生态补偿标准等问题尚未取得共识，缺乏统一、权威的指标体系和测算方法，这是所有生态补偿实践所面临的主要障碍，对于海洋生态补偿来说尤其严重。

2）海洋生态补偿缺乏长效的资金来源和运行机制保障

现有的海洋生态补偿是基于政府倡导性的、临时性、政策性的，虽然能在一定程度上使海洋生态状况有所改善，但若长期缺乏相关的法律制度作为依据，既缺乏法定的补偿主体，也缺少补偿执行者与有力的监管者，不能通过法律文件明确规定补偿责任主体、补偿实行主体、补偿权利等，持续下去必然导致各种责任主体的落空与海洋生态环境保护处于

不利境地，甚至有补偿资金也可能会导致补偿变异。因此，迫切需要建立统一、有效的生态补偿资金来源与资金应用机制以及海洋生态补偿的运行机制等。

3）跨区、跨界性污染和生态损害补偿存在实施障碍

海洋污染具有很大的流动性，加上源自陆地的污染，海洋生态系统受到各种污染的交叉和累积影响，难以区分污染者和责任主体。海洋资源的跨区流动、海洋污染的越界转移等产生了较严重的环境问题甚至生态灾难，难以通过传统的环境行政手段予以解决，在海洋污染治理与海洋资源的补偿方面存在许多错综复杂而难以协调的利益问题。同时，跨区海洋生态系统服务与实现当地经济利益的矛盾也日益尖锐，这导致跨区海洋环境污染已成为完成海洋生态修复目标的严重障碍。

第二节　立法路径选择及构想

一、海洋生态补偿立法推进过程

按照我国现行的立法体制，为了推进海洋生态补偿立法的顺利开展，相关理论与实践研究工作应当从以下几个方面重点开展。

（1）研究修订涉海法律，增加生态补偿有关内容。根据《海洋环境保护法》、《海域使用管理法》、《海岛保护法》等涉海法律的新修订内容以及新的发展要求，提出未来完善和补充海洋生态补偿有关内容的修订意见和建议。

（2）结合国家生态补偿立法工作的总体趋势，研究解决立法过程中涉及的海洋生态补偿关键技术问题，力争为在国家立法中充分体现海洋生态补偿的需求与经验提供理论和实践支撑。

（3）从国家层面设计海洋生态补偿管理办法等配套规章的内容和关键问题。

（4）总结地方海洋生态补偿立法实践和经验，为进一步完善地方立法提供依据和参考。

（5）海洋生态补偿标准与技术体系建设。根据海洋生态补偿特点，研究提出海洋生态补偿标准体系建设框架，包括海洋开发活动生态补偿、海洋生态保护红线区生态补偿、海洋生态补偿绩效考核等标准或技术方法的配套。

二、推进海洋生态补偿法律体系建设的构想

建立和完善海洋生态补偿法律体系，是海洋生态环境保护与自然资源可持续发展的现实需要，也是海洋生态补偿顺利实施的法律依据。结合目前我国在海洋生态补偿方面的法律规范，总结山东、福建、浙江、广东等沿海地方的立法与实践，我国海洋生态补偿法律体系应当着重从以下几方面建设和完善。

（一）规划层面明确海洋生态补偿制度的顶层设计和政策框架

海洋生态补偿法律制度的建立和运行，需要国家层面的顶层战略设计先行。海洋环境保护领域的国家层面规划应具有科学性和先导性，要能够为海洋生态补偿立法提供基本的制度框架和长远的战略决策指引。鉴于海洋资源本身的流动性、整体性和管理的复杂性，在建立海洋生态补偿制度时，需要政府主导或实施积极的干预。因此，应通过海洋生态补偿的国家规划为海洋生态补偿制度建设明确目标，描绘制定生态补偿制度的未来构想（包括基本原则和基本制度框架）[50]，综合考虑海洋生态补偿制度涉及的多方面问题，有计划和有步骤地推进生态补偿制度的建立和完善。

（二）建立和完善现行海洋环境保护法律体系

首先，宏观角度建立和完善海洋生态补偿法律体系。建立完善的海洋生态补偿制度需要法律、法规、规章、规范性文件等各个层级的立法相互配合、相互辅助。我国的海洋生态补偿立法应在国家层面立法模式的总体思路指导下，具体地构建各层级、各效力层次的法律规范，从而形成一个从中央到地方的完善的海洋生态补偿立法体系为我国海洋生态补偿制度的实施保驾护航。海洋生态补偿机制作为国家生态补偿制度的重要组成部分，在国家生态补偿整体制度设计和总体框架体系中应当予以明确规定，在《宪法》中也应赋予海洋生态补偿法律制度以充分的法理基础。一方面，明确规定和详细界定海洋生态资源的国家所有权；另一方面，明确派生于国家所有权的海洋生态资源使用权、收益权、支配权的权利归属。

其次，完善现行海洋环境保护法律体系。现阶段，我国在海洋生态补偿法律制度方面尚未建立起专门的立法，应当在现有海洋开发利用和生态环境保护管理的法律体系基础上进行修改和完善。由于《环境保护法》明确了建立国家生态保护补偿制度，以此为基础，

涉及不同领域、不同性质的生态补偿时，可以生态补偿单行法规的模式，量体裁衣、切合实际地规定科学、具体、可操作性强的实施办法和实施细则，从而为各领域的生态补偿实践提供明确的法律依据。《海洋环境保护法》中已经明确规定了建立健全海洋生态保护补偿制度，成为海洋环境保护法的基本制度，为专门的海洋生态补偿立法奠定了初步法律基础，未来的修改完善需要在“第三章　海洋生态保护”中增加关于海洋生态补偿具体规定的法律条文，增强实施海洋生态补偿的可行性和操作性。除此，海洋生态补偿应当抓住制定《海洋基本法》的契机，将海洋生态补偿原则性内容列入基本法，为相关专门立法提供更高层级的法律支撑和依据。同时，对一些特殊海洋生态系统的生态补偿制度也应当有专门的法规、规章等下位法予以支撑。例如，通过完善《水生生物增殖放流管理规定》、《海洋自然保护区管理办法》中关于海洋生态补偿的内容来规制特殊的海洋生态环境的补偿问题。同时，在修改现有法律法规的基础上，各地方也应当适时地进行地方立法，配合关于海洋生态补偿的国家立法。

（三）制定和完善与海洋生态补偿制度配套的标准和技术性规范

海洋生态补偿的配套标准是海洋生态补偿实现的依据，也是海洋生态补偿法律制度中的核心问题，科学合理的补偿标准将有利于海洋生态补偿的顺利实施。

首先，海洋生态补偿的标准是在补偿主体和补偿对象之间的博弈中产生的，然而由于经济发展水平等条件的影响，在各利益相关者中难以达成一致。在这种情况下，海洋生态补偿标准的核算过程需要补偿主体和补偿对象间共同协商平衡，根据海洋生态功能价值的变化、社会发展水平和区域经济状况，制定更加科学合理、行之有效的补偿标准。

其次，海洋生态补偿的对象具有双重性，即对海洋生态环境的补偿和对受影响人的补偿，而海洋生态环境本身和人存在着本质上的差异，因而对二者进行补偿也需采用不同的补偿标准。由于我国在对利益相关人的补偿方面的规定较为笼统，需进一步细化相关补偿标准规定，除考虑生态功能本身外，还要考量利益相关人的经济状况、自身需求等要素，从而满足不同补偿对象的差异性特点和需求。

再次，海洋生态补偿标准的制定应综合考虑机会成本、恢复成本等要素。当某一海洋开发利用主体所进行的生态保护活动使其他主体受益，补偿首先应考虑保护者的直接投入，还须考虑保护者为保护海洋生态环境而放弃或丧失的其他发展机会成本，二者均应纳入补偿标准的计算中；当某一海洋开发利用活动造成损害后果时，补偿以生态破坏活动所造成的损失为依据，包含两部分，即修复和治理海洋生态的恢复成本和费用与对受影响群体及所在区域的经济发展所造成的损失。

海洋生态补偿标准，按照级别可以分为国家标准和地方标准。目前，在海洋生态补偿实施中关键的一点就是海洋生态损失的评估。建议适时制定《海洋生态价值评估办法》、《海洋生态损害评估办法》，并建立海洋生态系统服务价值评估的基础数据库，完善评价指标体系，从整体上规范我国的海洋生态服务价值评估和海洋生态损害评估制度，作为确定海洋生态补偿国家标准的依据。同时，地方可以结合当地海洋环境和经济水平，在不违反国家补偿标准的前提下制定具体的地方补偿标准。

第九章　完善海洋生态补偿的制度保障体系

海洋生态补偿立法的顺利推进和有效实施，不仅需要国家层面方针政策的指引和保障，更需要结合实际搭建起相关的制度保障框架，丰富和完善海洋生态补偿制度体系。

第一节　完善资金保障机制

一、资金来源保障

海洋生态补偿得以有效实施除了制度保障外，还需要大量的补偿资金作为支撑。目前国家尚未实现海洋生态补偿资金的覆盖，地方上，山东省筹集了部分海洋生态损失补偿资金和财政资金作为海洋生态保护补偿的主要资金来源。其他部分沿海省市开展的小规模海洋生态补偿资金主要来源于财政支出。在海洋生态补偿机制建设中，仅仅依靠国家财政难以实现海洋保护区域的全面覆盖，需要建立多元化的资金筹措机制，多渠道筹措资金。应当从以下几个方面来拓展生态保护补偿资金的来源。

（一）中央和地方财政转移支付资金

财政转移支付是开展海洋生态保护补偿的主要资金来源，财政资金主要来源于中央财政与省级财政，由中央和省级财政按照一定的比例承担，海洋生态补偿财政转移支付资金应当纳入中央和省级财政项目预算管理。

（二）海洋开发利用活动生态损害补偿资金

海洋开发利用活动对海洋生态环境产生了负的外部性，影响特定海域的生态环境，而海洋生态保护补偿产生的生态效益具有正的外部性，一定程度上可以抵消海洋开发利用活动产生的不利影响，因此海洋开发利用活动的生态损害补偿资金除了开展开发利用活动相关海域的保护、修复和恢复工程或措施外，还应当作为海洋生态保护补偿的资金来源，由政府统筹用于开展海洋生态保护区域的保护补偿工作。在未来可及的一定时期内，推动建立海洋生态补偿专项基金将发挥其在海洋自然生态保护方面的重要作用，专项基金的资金来源渠道除了可以通过政府财政预算保持基础性存量外，还可以通过募集来源广泛的物质捐赠等方式进行及时必要的资金补充，从而充实生态补偿专项资金的来源。

（三）海域使用金返还资金

海域使用金是一种权利金，是国家出让海域使用权的收益，作为对使用国家海洋资源的补偿，海域使用者使用了国家的海洋资源，向国家缴纳海域使用金也是一种应当支付的代价。海域使用金30%上交中央财政，70%上交地方财政，分别缴入中央金库和地方金库。海域使用金由各级财政统筹安排，主要用于海域整治、保护和管理。当前海域使用金征收的过程中还包含了部分生态附加金，这部分附加金具有生态补偿的属性。此外，之前的《海域使用金使用管理暂行办法》规定海域使用金的具体使用范围包括“（六）海域、海岛、海岸带的整治修复及保护”。因此返还部分海域使用金作为海洋生态保护补偿资金具有法律政策依据。

（四）环境保护税

我国已经出台了《环境保护税法》，并于2018年1月1日起施行，明确在中华人民共和国领域和中华人民共和国管辖的其他海域，直接向环境排放应税污染物的企业事业单位和其他生产经营者应当缴纳环境保护税；同时规定征收环境保护税的不再征收排污费，环境保护税的实施主要针对直接排污行为，是海洋环境保护的重要举措。“纳税人从事海洋工程向中华人民共和国管辖海域排放应税大气污染物、水污染物或者固体废物，申报缴纳环境保护税的具体办法，由国务院税务主管部门会同国务院海洋主管部门规定。”税收是财政收入的重要来源，环境税征收后也应当作为海洋生态环境保护重要财政资金来源，用于海洋生态保护补偿工作。

（五）社会捐助

随着社会团体、社会公众环境保护意识的提高，对海洋环境保护的积极性也在不断提高，目前环境保护社团、公募性质基金会、个人等更愿意通过筹集社会资金、增殖放流、义工活动等方式从事海洋环境保护的公益事业，只要对社会捐赠行为加以规范和引导，就能成为海洋生态保护资金的来源，调动社会的力量开展海洋生态保护补偿工作。

二、资金使用监管机制

目前，我国国家层面尚未建立海洋生态补偿资金的使用管理机制，资金补偿是海洋生态补偿的主要补偿方式，为保障资金多渠道筹措、有效使用与监管，应当建立资金管理机制。

（一）海洋生态保护补偿资金管理

用于海洋生态保护补偿的国家财政资金的使用管理机制建设是海洋生态保护补偿研究的重要内容。财政部门和海洋主管部门应负责对海洋生态保护补偿财政资金进行预算管理，每年作出财政预算。各级海洋主管部门和地方政府，组织开展上一年度中央和地方各级的海洋生态保护补偿资金评估和申请工作，经过主管部门审核后确定财政资金的拨付金额，由中央财政部门和地方财政部门按财政管理规定拨付生态保护补偿资金。财政资金应当按照生态保护补偿规定的用途使用，必须符合财政管理要求，进行财务审计，加强对资金使用的监管。

（二）海洋开发利用活动生态损害补偿资金管理

目前国家没有建立起海洋生态损害补偿资金的征收和统筹使用管理规定，仅有山东省已开始征收海洋开发利用活动的生态损失补偿金并用于海洋生态保护补偿。海洋生态损害补偿金，既可以用于开展相关海域的生态工程建设和实施生态保护、恢复和修复措施，也可以作为海洋生态保护补偿资金的来源。在采取监管账户的方式时，海洋开发利用主体在监管银行开立银行监管协议，海洋开发利用主体、监管银行和主管部门三方签订生态补偿资金监管协议，海洋开发利用主体根据监管协议确定的权利义务对生态补偿监管资金进行支出。原则上由开发利用主体通过工程修复等措施履行生态补偿义务，其不愿意通过工程修复措施履行生态补偿义务的，可委托主管部门统筹使用生态补偿监管资金开展生态补偿工作。

在采用对海洋开发利用主体征收海洋生态损害补偿资金方式时，对其征收、使用和管理可以进行项目库管理，实行专款专用，主管部门和财政部门对资金的征收、使用和管理进行监督。

（三）社会捐助资金的管理

对于社会捐助资金的管理，应当实行社会组织管理，政府监督的方式。由社会组织按照民政部门、基金管理部门等主管部门的管理规定进行募集、使用和管理，主管部门、财政部门对海洋生态保护补偿社会捐赠资金的筹集、支出和管理进行监督，同时其资金使用应接受社会的监督。

海域使用金返还资金按照现有的海域使用金管理的相关规定进行管理，环境保护税的征收、使用和管理依法纳入税务、财政管理。

第二节　实施绩效考核制度：目标责任制和考核评价制度

《环境保护法》（2014 年修订）第二十六条规定："国家实行环境保护目标责任制和考核评价制度。县级以上人民政府应当将环境保护目标完成情况纳入对本级人民政府负有环境保护监督管理职责的部门及其负责人和下级人民政府及其负责人的考核内容，作为对其考核评价的重要依据。考核结果应当向社会公开。"

中共中央办公厅、国务院办公厅印发了《生态文明建设目标评价考核办法》，办法自 2016 年 12 月 2 日起施行，据此对各省、自治区、直辖市党委和政府生态文明建设目标进行评价考核。"目标考核采用百分制评分和约束性指标完成情况等相结合的方法，考核结果划分为优秀、良好、合格、不合格四个等级。考核牵头部门汇总各地区考核实际得分以及有关情况，提出考核等级划分、考核结果处理等建议，并结合领导干部自然资源资产离任审计、领导干部环境保护责任离任审计、环境保护督察等结果，形成考核报告。考核等级划分规则由考核牵头部门根据实际情况另行制定。"

《国家海洋局海洋生态文明建设实施方案》（2015—2020 年），明确提出健全海洋生态文明建设绩效考核机制。海洋生态补偿制度建设是海洋生态文明建设的重要内容，因此应当将海洋生态补偿工作纳入海洋生态文明建设绩效考核机制。

实行海洋生态文明建设绩效考核机制，强化海洋环境保护目标责任制，明确各沿海省、市、区县的目标和责任是有效评价海洋生态补偿工作，推动生态文明建设的重要保障。目前海洋环境保护目标责任制比较薄弱，需要进行积极探索并开展制度建设。海洋环境保护目标责任制的建设可以从以下五个方面着手构建：

（1）确定海洋生态环境保护目标责任制的框架及主要内容，包括范围和对象、考核方式和内容等；

（2）考核的组织实施，包括评价、考核、实施、监管等的程序规定；

（3）考核的权重分配，包括：海洋环境质量现状、海洋污染控制情况、海洋生态保护状况、海洋环境监管能力、区域突出海洋环境问题整治成效等方面因素；

（4）海洋生态环境保护目标责任制考核结果的效力；

（5）建立健全考核评级制约机制。

各相关部门可联合共同制定完善与海洋生态环境保护目标责任制配套的有关规章并予以实施，例如制定《地方海洋环境保护目标责任制实施办法》等，强化海洋环境保护目标责任制的管理。

第三节　建立专项技术支撑保障机制

海洋生态补偿制度的建设离不开相关技术的支撑，海洋生态补偿标准问题是海洋生态补偿制度建设的重点，但是目前来说没有成熟的补偿标准。

国家海洋局于 2013 年出台了《海洋生态损害评估技术指南（试行）》（国海环字［2013］583 号），此后得到修订，2017 年上升为国家标准《海洋生态损害评估技术导则》（GB/T 34546—2017），该导则规定了海洋生态损害评估的工作程序、方法、内容及技术要求，适用于在中华人民共和国内水、领海、毗连区、专属经济区和管辖的其他海域内人为活动和突发事件造成的海洋生态损害的评估。该评估技术与海洋生态系统服务价值、海洋生态损害修复成本等的评估关系密切，技术要求高。该导则虽然可以指导海洋生态损害的评估，但是不能直接作为海洋生态补偿标准，依据该导则得出的海洋生态损害评估报告只能作为海洋生态补偿标准的一个参考依据，该评估导则是为了指导海洋生态损害评估工作而制定，评估的是海洋开发利用活动对海洋生态造成的损害，并没有包括海洋自然保护区内居民因为设立保护区而遭受的经济损失和丧失的机会成本等，也没有包括海洋生态保护建设工程的生态补偿问题，因此《海洋生态损害评估技术导则》只能作为海洋开发利用活动生态损害评估的技术规范，无法作为海洋生态补偿的标准。目前，《海洋生态损害评估技术导则》的实用性不够强，计算结果的差别也较大，无法将其有效运用到海洋生态损害评估的实践案例中，还需要进一步修改完善，使其具有实用性、操作性。

海洋生态保护补偿标准的制定与海洋生态保护建设与管理成本、经济发展机会成本计算关系紧密，其中机会成本的计算方法是核心内容。海洋生态保护补偿标准需要把握的一个问题就是如何最大程度地补偿海洋生态保护建设与管理成本，海洋生态保护区域内个人、企业和政府的机会成本损失等。

未来海洋生态补偿标准的研究应当重点考虑以下几个方面。

第一，海洋生态补偿标准的制定应当根据不同类型采用不同的评估依据和计算方法。如海洋保护区生态补偿应以海洋生态保护建设与管护成本和发展机会成本评估为基础；海洋开发利用活动生态损害补偿应以海洋生态系统服务价值评估和海洋生态修复成本评估相结合为支撑。

第二，海洋生态补偿标准应当依据不同的类型制定不同的标准。依据海洋开发利用活动生态补偿、海洋保护区生态补偿和海洋生态保护工程生态补偿三种不同的类型，应当分类制定不同的生态补偿标准。因海洋开发利用活动引起的海洋生态补偿要较多地考虑海洋生态系统服务价值、海洋生态损害、生态修复成本等方面。海洋生态保护区域的生态补偿应当着重考虑居民因保护区的建设不能利用资源和生态环境从事生产经营活动的直接损失、间接损失、丧失的机会成本和生态保护的正外部性等因素，这类生态补偿应当参考经济发展水平相近地区的居民收入状况以及因保护区建设产生的生态效益，也即除了补偿当地居民的直接和间接经济损失外，其作为生态环境保护的牺牲者，由于其所在地的海洋生态保护给其他地区带来了外部经济性而理应获得适当的补偿，所以同等条件下，其得到的补偿不应当小于经济发展水平类似地区的经济收入水平。对于海洋保护工程的生态补偿标准应当考虑工程建设的实际成本、产生的外部经济性、生态系统服务价值等因素。

第三，海洋生态补偿标准的计算应尽可能地具有客观性、准确性和可操作性。除了海洋生态服务价值和海洋生态损害价值需要专门的评估机构或专业人员作出评估外，海洋生态补偿的金额可以在此基础上为大多数人所计算，而非补偿标准制定出来后只有极少的专业人员才能计算得出。

第四，应当根据实际情况制订海洋生态补偿国家标准和地方标准。国家标准应当适用于整个沿海地区的生态补偿。沿海省市应当根据当地的经济发展水平和海洋生态功能价值在不违反国家标准的条件下，制定地方标准，将国家标准进行细化，并使之与当地所处的主体功能区划的要求相适应。

第四节　探索建立市场化补偿机制

市场化补偿在本质上就是积极运用市场机制的经济手段、协调机制，在市场交易主体间产生的旨在改善自然生态的各类市场行为的活动。此种补偿方式是未来发展的主要方向，应充分发挥市场在海洋生态补偿中的作用。国家财政制度往往存在着划拨资金使用效率不高、整块划拨不足、缺乏目的性等问题，因此迫切需要通过政府的合理引导，根据市场交易中的自愿协商、有偿交易等原则，实现海洋资源的有效配置和利用，以减轻政府的财政压力，为海洋生态补偿提供更充足的资金[51]。综合运用经济与市场交易手段开展海洋生态补偿，打破政府主导的生态补偿机制，符合社会主义市场经济发展的要求，也能够充分调动社会各方力量的积极性，有利于海洋生态补偿制度的可持续发展。新修订的《环境保护法》第三十一条也明确提出了“国家指导受益地区和生态保护区人民政府通过协商或者按照市场规则进行生态保护补偿”。积极研究探索利用市场机制实现生态补偿是一条有效途径，也是当前市场经济条件下发挥市场作用的体现。

我国的生态补偿制度与国外的生态系统服务付费（PES）制度内涵相接近，PES 被广泛地表述为“生态系统服务的受益人向提供此类服务的人付费的各种制度安排的通用名称”，生态系统服务付费是一种市场主体的自愿交易机制，以良好的生态系统服务为交易标的，一方购买生态系统服务，另一方提供良好的生态系统服务，整个过程通过市场主体的自愿交易实现，是作为一种市场行为受到商业和合同法律的规制。

生态补偿交易市场交易机制的建立可以参考当下国际社会和国内正在建立的碳排放权交易、碳汇交易、水权交易等机制，探索市场化补偿模式。例如，西方国家已基本建立起碳排放权交易体系，碳排放权交易机制一是设定配额总量并进行配额分配；二是建立交易市场，管制对象可通过配额交易降低履约成本，以有效的市场交易途径实现温室气体减排。国家发改委已在北京市、天津市、上海市、重庆市、广东省、湖北省和深圳市七省市开展了碳排放权交易试点工作，截至 2014 年 6 月国家确定的这七个碳排放权交易试点省市全部实现开市。

当前部分地区在政府的指导下通过双方协商的方式签订了海洋生态补偿合同，通过市场主体自愿交易的方式实现生态补偿，例如福建省东山县与古雷镇之间开展的海域间横向生态保护补偿。理论上来说，实现生态补偿的市场交易是可行的，尤其是海洋开发活动的生态补偿，海洋开发利用的主体和受益人如对海洋生态造成损害，可以通过金钱支付的方式，购买市场其他主体的技术、服务或者生态补偿替代工程，来实现生态补偿，另一方主体通过提供生态补偿的技术、服务或生态补偿替代工程来完成购买方的生态补偿需求。与碳排放权市场交易机制不同的一点就是，碳排放总量和份额是可以具体量化的，能够确定价格机制，而生态补偿的市场化交易在理论上虽然具有可行性，但是由于生态环境活动不存在价格机制，生态损害评估存在技术限制等，生态损失价值难以具体地量化，因此实现生态补偿的市场化交易存在一定的难度，更多的情况是依靠市场主体的协商，但是如果协商的成本过高又违背了市场化交易的初衷，因此为建立生态补偿的市场化交易机制还应作进一步的深入研究和探索。

无论生态补偿的市场化交易面临何种障碍，生态补偿市场化交易是政府主导的生态补偿之外的生态补偿发展趋势。通过市场交易机制实现生态补偿并非不可能，在借鉴已有的交易制度的基础上，通过相关技术的发展和市场管理方式的创新有望实现生态补偿的市场化交易。

第五节　健全公众参与机制

推进海域生态补偿工作是一项复杂而系统的社会工程，它不仅需要发挥政府在海洋生态文明建设中的主导作用，同时也需要积极引导公众参与。利益相关者通过参与讨论和公众监督方式，积极广泛参与政府的政策措施制定，对于海洋生态补偿法律制度的科学构建起着至关重要的作用。国家也应重视群众的力量，鼓励和支持社会公众积极参与，可以通过项目带动方式提高公众的能力，以加强利益相关者生态补偿信息披露机制建设，从而赋予民众更多的知情权和参与权。

主管部门应当完善海洋生态补偿相关环境信息公开制度，完善政府信息发布制度，便于社会公众及时了解海洋生态保护最新状况，为公众参与海洋生态补偿工作提供保障。另外，还可以通过打造海洋生态补偿网络服务平台，拓展公众参与的信息获取与反馈渠道。公众参与是一个信息交流、相互沟通和推动工作的过程。在海洋生态补偿相关工作中，发现任何单位和个人存在违法情形的，公众有权通过该网站平台进行投诉举报，接受投诉举报的行政机关应当依法及时作出处理。

结　语

建设法治海洋，提高海洋事业的法治化水平，对于海洋强国建设具有深远意义。法治海洋建设的重要目标和任务要求为：规范海洋开发秩序，将发挥市场在资源配置中的决定性作用、减少政府干预等政策细化为具体的制度；保护海洋生态环境，加快建立有效约束近海开发行为的海洋生态文明法律制度，制定完善海洋生态补偿制度。

我国生态补偿的实践已经在许多领域和地方展开，有关的理论研究也在环境科学、环境保护法学、环境经济学等领域不断发展。随着党和国家日益重视海洋生态环境保护工作，海洋生态补偿制度作为实现海洋经济效益、社会效益和生态效益相统一的新手段，必将成为海洋生态文明法律制度建设的重要抓手。推动海洋生态补偿法律制度发展，将近年来海洋生态补偿的有效做法和成功实践固化为法律，是完善海洋环境保护法律法规体系及配套制度的重要内容，也是落实国家关于海洋生态文明建设重要方针战略的制度保障。

在国家海洋事业发展的新时期，以及国家海洋综合管理体制机制改革的新形势下，建立和健全海洋生态补偿制度所面临的各种挑战与机遇并存，要加快完善海洋生态补偿立法，就需要更多学者从不同的学科角度进行深入探讨和论证，为我国海洋生态补偿制度的全面构建与实施提供理论指导，同时还需要国家在宏观层面上做好协调和配套的制度供给工作，为推动海洋生态补偿法律体系的建立健全提供强有力的支持。

参考文献

[1] 环境科学大辞典编委会．环境科学大辞典［M］．北京：中国环境科学出版社，1991：20.

[2] 杨光梅．我国生态补偿研究中的科学问题［J］．生态学报，2007，27（10）：4289-4300.

[3] 任勇，冯东方，俞海．中国生态补偿理论与政策框架设计［M］．北京：中国环境科学出版社，2008：16-18.

[4] 中国生态补偿机制与政策研究课题组．中国生态补偿机制与政策研究［M］．北京：科学出版社，2009.

[5] 陈德敏．环境法原理专论［M］．北京：法律出版社，2008：24.

[6] 杜群．生态补偿的法律关系及其发展现状和问题［J］．现代法学，2005，27（3）：186-191.

[7] 杨娟．生态补偿法律制度研究［D］．武汉：武汉大学，2005：18.

[8] 沈宗灵，张文显．法理学（第2版）［M］．北京：高等教育出版社，2004：396-397.

[9] 王淼，段志霞．关于建立海洋生态补偿机制的探讨［J］．海洋信息，2007，（4）：7-9.

[10] 刘霜，张继民，刘娜娜，等．填海造陆用海项目的海洋生态补偿模式初探［J］．海洋开发与管理，2000，27（9）：27-29.

[11] 郑苗壮，刘岩，彭本荣，等．海洋生态补偿的理论及内涵解析［J］．生态环境学报，2012，21（11）：1911-1915.

[12] 李京梅，杨雪．海洋生态补偿研究综述［J］．海洋开发与管理，2015，（8）：85-91.

[13] Cowell R. Substitution and scalar politics：negotiating environmental compensation in Cardiff Bay［J］．Geoforum，2003，34（3）：343-358.

[14] Elliott M，Cutts N D. Marine habitats：loss and gain，mitigation and compensation［J］．Marine Pollution Bulletin，2004，(49)：671-674.

[15] Nunes P A，Rossetto L，Blaeij A D. Measuring the economic value of alternative clam fishing management practices in the Venice Lagoon：results from a conjoint valuation application［J］．Journal of Marine Systems，2004，51（1-4）：309-320.

[16] Barr R F，Mourato S. Investigating the potential for marine resource protection through environmental service markets：An exploratory study from La Paz，Mexico［J］．Ocean & Coastal Management，2009，52（11）：568-577.

[17] 程功舜．海洋生态补偿的法律内涵及制度构建［J］．吉首大学学报（社会科学版），2011，32（4）：

123-127.

[18] 崔凤，崔娇．海洋生态补偿：我国海洋生态可持续发展的现实选择［J］．鄱阳湖学刊，2010，(6)：76-83.

[19] 罗汉高．关于构建海洋环境保护中生态补偿法律机制的思考［J］．中共山西省直机关党校学报，2015，(2)：63-67.

[20] 戈华清．构建我国海洋生态补偿法律机制的实然性分析［J］．生态经济，2010，(4)：149-153.

[21] 陈碧钦，陈忠禹．海域生态补偿法律机制构建方向与路径——以福建省生态文明示范区为例［J］．沈阳农业大学学报（社会科学版），2016，18（6）：734-738.

[22] 郑苗壮，刘岩．关于建立海洋生态补偿机制的思考［J］．改革与战略，2014，30（11）：11-14.

[23] 洪荣标，郑冬梅．海洋保护区生态补偿机制理论与实证研究［M］．北京：海洋出版社，2010.

[24] 汪劲．环境法学［M］．北京：北京大学出版社，2011：10.

[25] 孙儒泳，彭少麟，王安利．生态学进展［M］．北京：高等教育出版社，2008：238.

[26] 秦玉才，汪劲．中国生态补偿立法——路在前方［M］．北京：北京大学出版社，2013：17-21.

[27] 阿兰·兰德尔．资源经济学——从经济角度对自然资源和环境政策的探讨［M］．施以正译．北京：商务印书馆，1989：12.

[28] 夏征农．辞海［M］．上海：辞书出版社，1979：286.

[29] 中国资源科学百科全书编辑委员会．中国资源科学百科全书［M］．北京：中国石油大学出版社，中国大百科全书出版社，2000：2.

[30] Garner B A. Black Law Dictionary［M］. Oversea Publishing House, 2009.

[31] 邱秋．中国自然资源国家所有权制度研究［M］．北京：科学出版社，2010：17.

[32] 邱秋．中国自然资源国家所有权制度研究［M］．北京：科学出版社，2010：2-5.

[33] Cochrane K L, Garcia S M. A fishery manager's guidebook: Management measures and their application［R］. FAO Fisheries Technical Paper. No. 424. Food and Agriculture Organization of the United Nations, 2002.

[34] 黄梨．雷公山自然保护区森林生态补偿研究［D］．贵阳：贵州大学，2015.

[35] 郑海霞．中国流域生态服务补偿机制与政策研究［D］．北京：中国农业科学院，2006：19-24.

[36] 庄国泰，高鹏，王学军．中国生态环境补偿费的理论与实践［J］．中国环境科学，1995，15（6）：413-418.

[37] 秦玉才，汪劲．中国生态补偿立法：路在前方［M］．北京：北京大学出版社，2013：12-13.

[38] 黄丽红．海洋生态补偿法律制度构建研究［J］．理论与实践，2013，(11)：9-10.

[39] 陈秀萍，卢庭庭．我国环境保护中风险预防原则的缺失及完善［J］．行政与法，2014，(10)：114-118.

[40] 周敬玫，黄德林．自然保护区生态补偿的理论与实践探析［J］．理论与实践，2007，(12)：92-94.

[41] 陈艳霞．深圳福田红树林自然保护区生态系统服务功能价值评估及其生态补偿机制研究［D］．福州：福建师范大学，2012.

[42] 陈传明．自然保护区生态补偿的利益相关者研究——以福建天宝岩国家级自然保护区为例［J］．资源开发与市场，2013，29（6）：610-614.

[43] 秦玉才，汪劲．中国生态补偿立法——路在前方［M］．北京：北京大学出版社，2013：36.

[44] 秦玉才，汪劲．中国生态补偿立法——路在前方［M］．北京：北京大学出版社，2013：269.

[45] 饶欢欢，彭本荣，刘岩，等．生态损害补偿与赔偿的科学及法律基础探析［J］．生态环境学报，2014，23（7）：1245-1250.

[46] 高其才．法理学［M］．北京：清华大学出版社，2007：189.

[47] 陈泉生．环境法学基本理论［M］．北京：中国环境科学出版社，2004：203.

[48] 韩秋影，黄小平，施平．生态补偿在海洋生态资源管理中的应用［J］．生态学杂志，2007，26（1）：126-130.

[49] 陈克亮，张继伟，陈凤桂．中国海洋生态补偿制度建设［M］．北京：海洋出版社，2015：79-83.

[50] 杨蕾，王寰，孙军平．海洋行政规划视域下海洋生态补偿制度之构建——从概念分析到行动路径［J］．中国海洋大学学报（社会科学版），2014，（2）：9-16.

[51] 王美懿．海洋生态补偿法律制度研究［D］．大连：大连海事大学，2013.